Mechthild Piepenbrock

Nueva Cocina a la Parrilla

ᴇditorial ᴇverest, S. A.
MADRID • LEON • BARCELONA • SEVILLA • GRANADA • VALENCIA
ZARAGOZA • BILBAO • LAS PALMAS DE GRAN CANARIA • LA CORUÑA
PALMA DE MALLORCA • ALICANTE — MEXICO • BUENOS AIRES

Mechthild Piepenbrock
se crió, en el seno de una gran familia, en una granja en las proximidades de Paderborn/Westfalia. Ya de niña se ganó la admiración de los demás por su talento para la repostería y la cocina. Hizo de su hobby su profesión, y estudió economía doméstica y ecotrofología (ciencia de la economía doméstica y la alimentación), completando los conocimientos teóricos con las prácticas realizadas durante las vacaciones en las cocinas de grandes hoteles. Trabajó como redactora en la revista «MENU», en la que ha colaborado desde sus principios. En la actualidad, Mechthild Piepenbrock es redactora de la revista «MEINE FAMILIE & ICH», en la cual se encarga de la sección de cocina. Ha publicado también varios libros de gastronomía. El grill es una de sus principales especialidades, ya sea al aire libre o en la cocina, puesto que la autora aprecia, además de la vida social, una alimentación sana y ligera. Las fotografías en color han sido realizadas por el estudio Teubner; los pies proceden del servicio de cocina Kraft, de Eschborn y de «Meine Familie und ich», de Munich.
La cubierta muestra una variante de los pinchitos sorpresa (receta página 71)
Contracubierta: Parrillada mixta (receta página 40)

Título original: Grill vergnügen draussen und drinnen
Traducción: Diorki

© Gräfe und Unzer GmbH, München
EDITORIAL EVEREST, S. A.
Carretera León-La Coruña, km 5 - LEON
Reservados todos los derechos
ISBN: 84-241-2246-1
Depósito legal: LE.1217-1984
Printed in Spain - Impreso en España

EDITORIAL EVERGRAFICAS, S. A.
Carretera León-La Coruña, km 5
LEON (España)

Índice

Prólogo 5

Las razones del éxito del grill 6

Un poco de técnica es también necesario 7
El proceso del asado al grill 7
Grills para todos los gustos 7
El combustible adecuado 11
Temperatura y distancia 12
El aspecto interior 13
Encender el fuego en el momento preciso 14

Los 20 trucos para que el grill sea un éxito 16

Las mejores recetas al grill 17

Una pequeña fiesta con el grill 17
Lomo de cerdo a las hierbas 20
Pollo al jengibre 20
Filetes a la parrilla con ajo 21
Pollo al grill con hierbas a la jardinera 22
Costillas de cerdo a la mexicana 22
Salchichas rellenas 24
Chuletas de cordero con hierbabuena 24
Asado de cerdo con costra 24
Filetes de pularda al estilo Amsterdam 27
Chuletas a la pimienta flameadas 27
Truchas con tomates 27

Asar al grill, la alegría del campista 28
Truchas ahumadas estilo camping 28
Pinchitos de cerdo a la provenzal 28
Huevos al plato 30
Arenques a la andaluza 30
Chuletas de cordero con puré de judías verdes 32
Rollo de cerdo a la danesa 33
Panceta glaseada 34
Cestillas de embutido con huevo 34
Rollitos de ternera con salvia 34
Pinchitos de setas a la tirolesa 37
Tostada de champiñones a la florentina 37

Lugar de reunión: un fuego en el campo 38
Cochinillo relleno 38
Parrillada mixta 40
Pinchitos mixtos 41
Aguja de cerdo al espetón 43
Cerdo adobado al espetón 43
Chuletas de ternera con salsa de mostaza 44
Pinchitos de lomo 44
Truchas con salvia 44
Pato adobado 45
Filetes de solomillo en adobo 46
Chuletones Porterhouse 46

También los niños pueden asar al grill 48
Marshmallows al espetón 50
Plátanos en papillote 50
Pinchitos pirata 50
Pinchitos de salchicha en estrella 50
Salchichas a la pimienta con manzana 52
Pollo con capa plateada 53
Varitas de merluza en pinchito 55
Pollo relleno de frutas 55
Costillas de cerdo estilo indio 55

Cada invitado aporta una cosa 56
Ensalada de patata enriquecida 56
Ensalada de pasta picante 56
Ensalada de berenjenas 59
Pinchitos de corazón adobados 59
Schaschlik de cordero 59
Filetes de lomo al grill 60
Cordón bleu al grill 60
Filetes con relleno de hierbas 60
Pinchitos de anguila 62
Pinchitos de langostino y calabacín 62
Pularda con queso a la griega 64

Una gran fiesta con el grill 65
Sopa al grill superpicante 65
Pinchitos de champiñón y naranja 68
Raclette explorador 68
Peces empalados 68
Parrillada mixta de pescado 70
Pinchitos sorpresa 71
Pierna de liebre estilo casero 72
Rollos de cerdo asados 72
Pierna de cordero al espetón 72

Índice

Solomillos rellenos de queso   74
Tournedós con champiñón sobre pedestal   75
Paella al grill   76
Entrecôtes estilo leñador   76

Cualquier día es bueno para asar al grill   78
Pularda con frutas   78
Filetes de pescado en papillote   78
Hígado a la parrilla   80
Pinchitos de riñones   80
Rollitos de jamón con plátanos   80
Chuletas de cerdo adobadas   81
Pinchitos vegetales con bacon   83
Judías verdes envueltas en bacon   83
Cebollas rellenas   83

Asar al grill para la mesa de fiesta   84
Gambas con nata en papillote   84
Salmón al grill   84
Pechuga de ganso con funda   86
Filetes de ciervo con salsa de zarzamoras   86
Langosta con nata de limón   87
Solomillo de cerdo a las hierbas   88
Rollitos de ternera   88
Chuletón de buey especial   88
Roastbeef con relleno de setas   91
Solomillos a la pimienta   91

La fiesta pasada por agua   92
Rollitos de Sauerkraut   92
Pinchitos de pastor   92
Salchichas al vino tinto   94
Gulasch de salchichas   94
Schaschlik con salsa de champaña   94
Caballas en papel barba   95
Ratatouille   97
Berenjenas al ajo   97
Roastbeef con romero   97

Ensaladas y otras guarniciones   98
Ensalada de maíz Texas   98
Ensalada Niza   100
Ensalada de pepino con queso de oveja   100
Ensalada de rábanos con espinacas   100
Ensalada de arroz oriental   102
Ensalada veraniega   102
Ensalada Atenas   102
Pepinos rellenos   104
Pan con foiegras y ajo   105
Ensalada de pasta con verduras veraniegas   106
Ensalada de patatas a la bávara   106
Patatas con queso y nata   106

Salsas, adobos y aliños   108
Mayonesa a las hierbas   108
Alioli   108
Mantequilla a elegir   109
Adobo de tomate y guindilla   110
Adobo de vino y pimienta   110
Adobo chino   110
Mostaza especial grill   111
Vinagreta al ajo   113
Salsa de mango   113
Adobo diabólico   113
Guarnición de queso de oveja   113

Hierbas y especias   114

Las materias primas   119
Carne de vacuno   119
Carne de ternera   122
Carne de cerdo   122
Carne de cordero   124
Aves   125
Caza   126
Carne picada   127
Vísceras   128
Salchichas   128
Pescados y crustáceos   130
Hortalizas y frutas   130

Todo requiere su tiempo   134

Accesorios útiles   136

Cómo trinchar correctamente   138

El capítulo de las bebidas   139

Recetas al grill por temas   141

Índice de recetas y materias   142

Prólogo

Asar al grill se ha convertido en un juego de sociedad, tanto para románticos como para aficionados a la gastronomía. Una reunión de amigos «fuera» de la casa, al aire libre, es la ocasión ideal para poner en práctica estos conocimientos, pero también «dentro» se pueden organizar veladas animadas y absolutamente logradas. Por lo demás, es evidente que el jugar con el fuego (del grill) tiene, como todos los juegos, sus propias reglas.

Este libro de cocina responde a todas las preguntas que puedan plantearse sobre el grill, tanto si éste lo ha improvisado uno mismo con tres ladrillos como si se ha comprado un aparato especial, si se va a asar para dos personas como para muchos invitados, si se va a asar carne, pescado, verduras o frutas. Junto a las muchas recetas exquisitas, insólitas, refinadas, y también sencillas, se ofrecen indicaciones sobre los productos y trucos prácticos que ayudan a evitar contratiempos y fracasos, proporcionan nuevas sugerencias a los ya iniciados y facilitan su tarea a los principiantes. Tanto es así que, si se les explica correctamente la técnica y se les enumeran los posibles peligros, incluso los niños pueden manejar el grill, ya que a menudo «trabajan» con más responsabilidad que los adultos, que no se toman el juego tan en serio. De hecho, entre las recetas se incluyen diversas especialidades no sólo adoradas por los niños, sino muy adecuadas para ellos, como los troncos de azúcar (marshmallows), las mazorcas de maíz, las chuletas o las salchichas.

Personas de todas las edades pueden disfrutar del placer de sentirse invitado en su propia fiesta. Cada vez se está extendiendo más el sistema de que cada invitado aporte algún ingrediente, con lo que el anfitrión sólo tiene que ocuparse de mantener las brasas calientes y las bebidas frías. En uno de los capítulos se enseña cómo evitar que un día lluvioso acabe «aguando» la fiesta. En el caso de un simple chaparrón, puede esperarse a que escampe debajo de un toldo, pero si el mal tiempo se polonga, no suele quedar más remedio que trasladarse al interior de la casa, lo que no supone ningún problema, ya que casi todos los platos pensados para asar fuera con fuego de carbón vegetal se pueden preparar también en el grill eléctrico. Tampoco hay que desesperarse si no se dispone de este electrodoméstico; el capítulo dedicado a la «fiesta pasada por agua» incluye muchas recetas que tan sólo requieren una sartén y una cocina normal.

Especial atención merecen igualmente los asados al grill en el interior, ya que estos platos figuran en cualquier plan «normal» de comidas. La alimentación moderna resulta impensable sin los platos al grill, pues, entre otras ventajas, suelen ser ligeros, bajos en calorías y rápidos de preparar. Las especialidades al grill ocupan asimismo un lugar destacado en la cocina festiva, tal como demuestran las numerosas suculentas recetas de este libro.

Para los imprescindibles acompañamientos y aperitivos se ofrecen recetas de adobos, escabechados, salsas, ensaladas y otros acompañamientos. Estas deliciosas pequeñeces son casi tan importantes como el material a asar, sobre todo cuando el anfitrión ha olvidado —error que este libro confía en subsanar— que se tarda un rato en preparar la lumbre.

Pero, por encima de todo, el presente libro pretende ayudarles a pasar un rato agradable y a que sus «barbacoas» se conviertan en un éxito rotundo, a lo que, sin duda, contribuirá tanto su lectura como las sugestivas fotografías en color y el extenso recetario.

Mechthild Piepenbrock

Razones del éxito del grill

Quien pasee en una noche de verano por delante de cualquier jardín, podrá verlo, oírlo y olerlo: alguien está asando al grill. ¿A qué se debe el éxito del fuego al aire libre? ¿Es un recuerdo de los románticos fuegos de campamentos juveniles? ¿Nos sentimos nuevamente niños y aprovechamos la ocasión para hacer algo que durante tantos años nos estuvo vedado? ¿Se ha puesto todo el mundo de repente de acuerdo sobre la exquisitez de los platos al grill o es un símbolo de un determinado status social? Esto último lo negamos, ya que existen grills para todos los bolsillos, y quien quiera ahorrar, puede incluso fabricarse una rudimentaria parrilla a base de piedras. Por el contrario, el romanticismo del fuego de acampada, sí nos parece una razón válida y no sólo porque nos permita jugar con el fuego, lo que solemos tener prohibido en la infancia, sino sobre todo porque el fuego crea un ambiente muy especial. ¿A qué otra razón puede obedecer, si no, la aceptación de los fuegos de chimenea en invierno? Cuando se asa al grill, el ánimo se relaja y despreocupa (esperemos que así suceda siempre). Solamente por esto, y naturalmente también por los seductores aromas, los nervios gustatorios se activan, la lengua y el estómago se preparan para el placer que les aguarda. Así pues, no creemos que sea una exageración afirmar que la más humilde de las salchichas o chuletas sabe mejor cuando se ha asado sobre brasas. En la apreciación de un plato no sólo participan las terminaciones nerviosas de la lengua, sino todos nuestros sentidos: la vista, el olfato, el gusto, el tacto, e incluso el oído, ya que comer bien es una ocupación agradable y placentera. ¿Y dónde se darían mejores condiciones para ello que reunidos en agradable compañía alrededor de un fuego? Lo mismo da que sea sólo la familia o un grupo mayor de amigos. No obstante y por tratarse de una diversión tan sociable, natural y primitiva, las «barbacoas» suelen atraer a grupos bastante numerosos.

Y primitiva es, en efecto. Si hemos de creer a los historiadores, el sistema de asar al grill es casi tan antiguo como la humanidad. Hoy por hoy se dispone de datos que se remontan a 400 000 años atrás. En China se han encontrado hogares con huesos procedentes de esta época, y hasta 12 000 años antes de nuestra era, la parrilla, o grill, era el único sistema utilizado para preparar los alimentos. Las ollas, sartenes y demás utensilios no se inventaron hasta mucho más tarde. Si bien los aparatos actuales no tienen mucha semejanza con los hogares primitivos, la técnica sigue siendo la misma: los alimentos (probablemente entonces se trataba solamente de carne) se tuestan sobre las brasas a fin de mejorar su sabor, lo que, sin duda, no tiene ningún secreto. Los enemigos del grill (¡alguno habrá!) dirán que para eso no hace falta un aparato especial, y no les falta razón, pues hay también otras muchas maneras de preparar platos sabrosos. Pero los partidarios del grill saben algo más: solamente con este sistema se desprenden tantas sustancias aromáticas que puede prescindirse incluso de los condimentos, como muy bien sabían nuestros más remotos antepasados, que carecían por completo de ellos. Cualquier aprendiz actual descubrirá y apreciará este aroma inconfundible. ¿Quién negará que el primer filete asado por uno mismo al grill resulta delicioso aún cuando los invitados se lo coman más por buena educación que por placer? Y, una vez superado el orgullo de principiante, todo iniciado querrá aumentar el placer. Si hasta entonces ha disfrutado del sabor del asado puro, aspirará al refinamiento; entonces adobará la carne, la untará, servirá salsas y acompañamientos refinados con ella, buscará bebidas apropiadas y nuevas combinaciones de condimentos (a ser posible desconocidas) y, sin darse cuenta, se encontrará en el camino adecuado para convertirse en un maestro del grill.

Un poco de técnica es también necesario

El proceso del asado al grill

Todo el mundo habla de asar al grill, casi todo el mundo lo hace, pero sólo muy pocas personas saben lo que sucede realmente. La palabra «grill» viene del inglés y significa parrilla. Asar al grill significa, por tanto, poner a punto los alimentos sobre una parrilla. Sin embargo, los auténticos asadores al grill no toman la palabra en un sentido tan estricto, ya que en la actualidad se habla también de asar al grill cuando se utilizan espetones o planchas. En ocasiones se utiliza asimismo el término barbacoa, expresión habitual en Estados Unidos para la diversión de asar al grill al aire libre, que hace referencia a la preparación de animales enteros «de la barbe à la queue», de la barba a la cola.

Hasta aquí la explicación lingüística; dediquémonos ahora a las explicaciones técnicas: asar al grill es preparar los alimentos mediante calor de radiación directa, siendo importante solamente el calor de los rayos, pero no el del aire que los rodea. En el momento en que los rayos calientes inciden sobre el alimento, las proteínas de la superficie se coagulan y los jugos y las sustancias aromáticas quedan atrapados en el interior. Al coagularse las proteínas se forman sustancias tostadas que contribuyen a dar a la pieza en cuestión un sabor fuerte y aromático. A fin de facilitar la formación de una costra uniforme, debe vigilarse que los rayos penetren regularmente distribuidos. Requisito para ello es que el combustible esté incandescente, las brasas ardan con una intensidad uniforme y los alimentos a asar tengan superficies lisas. Las piezas bien asadas deben estar tostadas por igual en todas sus caras, así como jugosas y tiernas, y la grasa presentar un color dorado. Las partes demasiado oscuras (o incluso quemadas) y los cortes secos y fibrosos son signos inequívocos de un asado incorrecto. Cuando se asa correctamente al grill, las caras exteriores de la pieza se calientan por la acción directa de los rayos, mientras que el interior lo hace por conducción térmica. Así pues, tienen lugar dos procesos paralelos en los que ni el material combustible ni el sistema utilizado desempeñan el papel primordial.

En términos generales se distinguen dos métodos de asar al grill: con calor inferior y con calor superior. En el primer caso, las piezas a asar se colocan en una parrilla sobre fuego de carbón vegetal o sobre resistencias calentadas por electricidad o gas. En el segundo, los alimentos se disponen sobre una parrilla bajo una placa o resistencias calentadas por electricidad o gas, proceso que se denomina también gratinar, o bien giran bajo estas placas o resistencias en un espetón. Cuando las brasas están dispuestas verticalmente y el espetón gira delante de ellas el principio es el mismo que en el caso del calor superior.

Grills para todos los gustos

La oferta de grills es enorme y casi inabarcable para el principiante. Por desgracia, el grill ideal y apropiado para cualquier ocasión no existe, por lo que cada cual deberá elegir el modelo que mejor se adapte a sus necesidades personales y disponibilidades materiales. A continuación hemos incluido una breve explicación de las diferencias técnicas de los distintos tipos de aparatos. Lógicamente, no se han tenido en cuenta las características específicas de marcas determinadas, sino tan sólo los diferentes tipos de aparatos.

Un poco de técnica es también necesario

Grills para asar al aire libre

Empezaremos nuestra pequeña exposición con el grill de carbón vegetal y con el prototipo de todos ellos: el hogar a base de piedras, ideal para una pequeña fiesta a la orilla de un río. Se «construye» como sigue: escoger piedras de río a ser posible grandes y planas, como mínimo del tamaño de un puño, y amontonarlas —sobre una base seca— en círculo o formando un cuadrado hasta unos 20 cm, de altura. Aunque bien estables, las «paredes» deben permitir la circulación del aire en algunos puntos. Recubrir el fondo con papel de aluminio extrafuerte para que refleje el calor con lo que, además facilita la eliminación de la ceniza. Colocar el combustible en el centro, y cuando se hayan formado brasas, disponer encima una rejilla (de venta en establecimientos especializados en artículos para el hogar y en las secciones de camping de los grandes almacenes). A ser posible, evitar la utilización de un limpiabarros metálico a modo de rejilla, pues el material con que están recubiertos suele reblandecerse con el calor intenso y gotear en el fuego, donde, al quemarse, origina humo y gases. Como puede suponerse, con este método es fácil que el asado tenga un sabor metálico.

Los aficionados a las excursiones, a quienes, sin embargo, no les seduce mucho la idea de recoger piedras, deberían hacerse con un grill transportable sencillo. En comercios especializados y grandes almacenes existen muchos modelos a precios asequibles. Los más sencillos se componen de un recipiente redondo o cuadrado para las brasas con pequeñas aberturas para que circule el aire y una parrilla que se coloca encima. La altura de esta última es conveniente que sea regulable a fin de graduar el aporte de calor. Muy práctico resulta también un protector lateral para el viento, que contribuye a que las brasas ardan más pausadamente y las cenizas no se dispersen.

Algunos modelos más perfeccionados

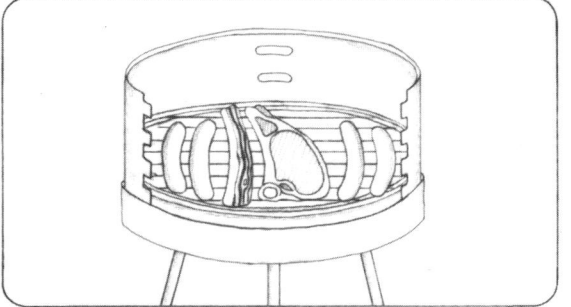

Este sencillo grill de carbón vegetal con paraviento, aunque sin instalación para espetón giratorio, se puede transportar con toda comodidad.

cuentan con espetones giratorios de altura regulable, que se accionan a mano o con pilas.

En este caso, es preferible que el recipiente para las brasas esté dispuesto verticalmente, pues así se evita que la grasa gotee sobre el fuego, pudiéndose recoger en una bandeja prevista al efecto. Entre otras ventajas, estos aparatos permiten incorporar más leña durante el proceso.

La mejor solución, si bien algo más cara la ofrecen los modelos con recipientes para brasas orientables en los que se puede asar tanto al espetón como a la parrilla.

Sea cual sea el modelo elegido, la atención debe concentrarse en la estabilidad más que en

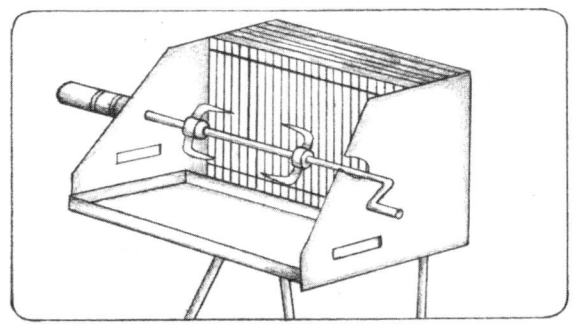

En los modelos con el recipiente de las brasas dispuesto en vertical, el espetón gira delante del carbón vegetal. De este modo no gotea grasa al fuego.

Un poco de técnica es también necesario

la estética. En primer lugar, el grill debe sostenerse sobre patas fijas, ya que el suelo del campo es a menudo muy irregular.

Los recipientes para las brasas de chapa esmaltada o (mejor aún) de hierro fundido son preferibles a los de metal ligero.

Los modelos más baratos se deforman a veces con el calor y pueden incluso ponerse al rojo, siendo además poco resistentes a la oxidación.

La adecuada altura de trabajo tiene también su importancia. Quien se vea obligado a asar siempre agachado, perderá pronto la ilusión. Por otra parte, hay que tener en cuenta que el grill debe pasar el invierno en algún lugar por lo que al comprarlo conviene comprobar si se puede desmontar para ahorrar espacio o si va a ocupar medio trastero.

Este problema desaparece con los denominados grills de mesa. En el mercado existen, por ejemplo, modelos de arcilla refractaria que se calientan con carbón vegetal, pero que sólo son apropiados para piezas pequeñas, ya que la cantidad de brasas es limitada. Por otra parte, son sensibles a las variaciones de temperatura y el material puede partirse, lo mismo que ocurre cuando se recurre a los tiestos, método que a veces se utiliza para animar una fiesta. Para ello se forra un tiesto grande con papel de aluminio y se perfora el agujero del fondo. A continuación se llena con gravilla seca hasta un tercio aproximadamente y se esparce el carbón vegetal por encima. Por último, el tiesto se coloca sobre ladrillos para que llegue aire a las brasas desde abajo y se asa normalmente. Como medida de seguridad conviene colocar una chapa vieja o algo similar debajo de los ladrillos. También en este caso sólo pueden asarse piezas pequeñas, como pinchitos, ya que las brasas no dan para más.

Volviendo a los grills de mesa «normales», nosotros recomendaríamos los pequeños, pero pesados, de hierro fundido.

Los hay redondos y cuadrados, a veces incluso con parrilla doble, y son sumamente prácticos. El recipiente para las brasas va provisto todo alrededor de pequeñas válvulas de aire que permiten una regulación exacta del calor. Sobre las brasas se colocan parrillas resistentes de altura graduable. Particularmente prácticos son los pies y asas de madera, que evitan las quemaduras en las manos y las antiestéticas manchas en las mesas, siempre que el grill se manipule correctamente. En el mercado existen modelos que satisfacen todas las necesidades en cuanto a facilidad de manejo y confort. Entre ellos se incluyen, por ejemplo, grills ya montados con asientos y mesas alrededor, que, aunque muy confortables, tienen la desventaja de que no pueden adaptarse a la dirección del viento. A esta gama pertenecen también los carritos con estantes, repisas para salsas y condimentos, tejado con

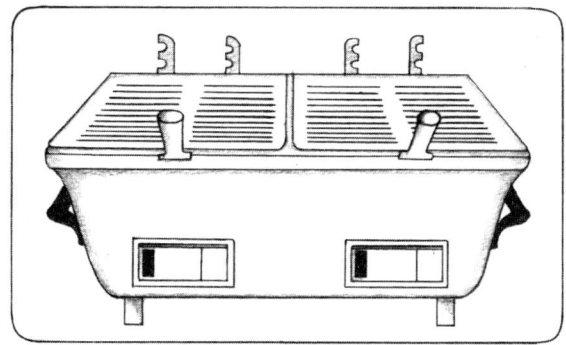

Este excelente grill de mesa de hierro fundido es sencillo de manejar y muy económico.

extractor de humos, colgadores para accesorios y no pocas veces hasta un pequeño bar. A ser posible, elegir un modelo con dos fuegos para preparar al mismo tiempo asados al espetón y a la parrilla.

Para los amigos del grill al aire libre, pero «enemigos» del carbón vegetal, la oferta incluye también aparatos de gas, algunos de los cuales funcionan asimismo con electricidad mediante una instalación suplementaria. Aunque muy

Un poco de técnica es también necesario

limpios y ecológicos, en ellos se echa en falta el exquisito aroma del carbón vegetal.

Grills para asar en espacios cerrados

Si se dispone de chimenea, no hace falta más que un pie estable de hierro, al que se fija una parrilla o un espetón para asar al grill. Pero aunque no cuente con ella, no todo está perdido, pues los hornos modernos (eléctricos o de gas) disponen casi siempre de un grill, que suele llevar incorporada una instalación giratoria para espetón. El grill eléctrico se calienta mediante resistencias, mientras que en el de gas, las llamas calientan una placa de acero hasta que ésta se pone al rojo y emite rayos infrarrojos. En cualquier caso, hay que observar siempre las instrucciones de uso, ya que el manejo varía según los modelos. Lo mismo cabe decir de los grills eléctricos independientes, cuyas resistencias superior o inferior (los modelos más perfeccionados las tienen en ambos lados) emiten rayos infrarrojos. En la actualidad, estos aparatos van provistos casi siempre de reflectores, que aseguran un excelente aprovechamiento de la energía. Hasta los modelos estándar más sencillos van equipados con termostato, espetón giratorio automático y reloj para conexión automática.

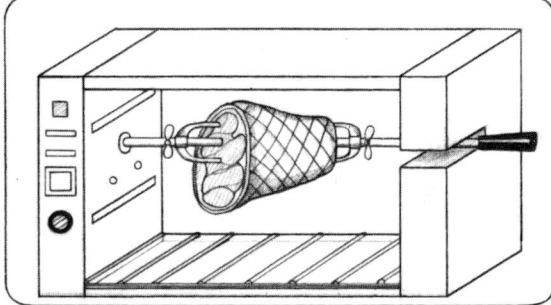

Con el grill de mesa eléctrico se puede asar tanto al espetón como a la parrilla. En el mercado existen diversos modelos de varios precios.

Al comprar cualquiera de estos aparatos, comprobar su facilidad de manejo. Todos los accesorios (incluidos bandejas y espetones) deben poderse meter y sacar fácilmente y sin peligro, y al dar la vuelta o regar los asados no debe existir riesgo de quemaduras; los buenos aparatos se desconectan al abrir la puerta. La limpieza ha de ser igualmente cómoda y rápida, ya que de lo contrario no se saca todo el partido al aparato.

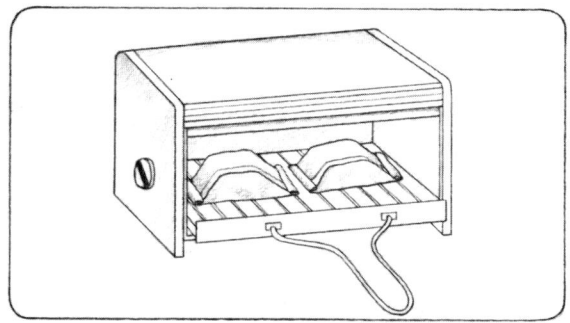

El minigrill es el aparato adecuado para alimentos planos, así como para gratinar y tostar.

Los minigrills ocupan poco espacio y son muy prácticos, si bien sólo son apropiados para asados pequeños o platos gratinados. Las resistencias están dispuestas en la parte superior o inferior o sólo en la superior, y funcionan también con reflectores. Como normalmente se utilizan en la mesa, adquirir un modelo no sólo bien equipado, sino también agradable a la vista.

Ultimamente, las preferencias se están decantando hacia los grills de contacto. Consisten en dos placas acanaladas que se calientan por electricidad y entre las que se asan los alimentos. Tienen la ventaja de que los tiempos de asado son breves debido al calor intenso.

Si a media cocción se gira el asado 90 grados, se obtiene un dibujo cuadrado, que tiene, sin embargo, más valor decorativo que práctico. Muy prácticos son, en cambio, los accesorios,

Un poco de técnica es también necesario

como, por ejemplo, las abrazaderas que sujetan la parte superior a la altura deseada e impiden que los alimentos blandos se aplasten. Hay incluso abrazaderas muy altas con instalación para espetón giratorio en las que cabe un pollo entero.

Hoy día se puede incluso asar sobre el fuego de la cocina con ayuda de sartenes especiales. Están hechas de hierro fundido pesado o de

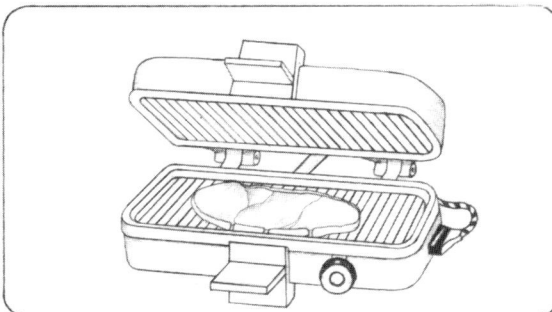

En el grill de contacto el calor incide simultáneamente por ambos lados sobre los alimentos, que así se asan con gran rapidez.

aluminio y tienen siempre un fondo con acanaladuras profundas que se calienta tanto sobre la llama de gas o la placa eléctrica que emiten rayos infrarrojos. Igual que las parrillas del grill, también estas sartenes se engrasan ligeramente una vez calientes. Son apropiadas sobre todo para piezas pequeñas y planas a las que hay que dar la vuelta a media cocción.

El combustible adecuado

Sea lo que sea lo que se vaya a asar al aire libre, las brasas adecuadas determinan en gran medida la calidad del asado. El carbón vegetal y las pastillas de este mismo material figuran entre los combustibles más apreciados. El primero tiene la ventaja de su menor precio y es muy apropiado para piezas pequeñas que no requieren un tiempo de asado muy prolongado.

A los 20 minutos de encendido el fuego suele aparecer una fina capa blanca sobre el carbón, que indica que se ha alcanzado la temperatura necesaria. Las pastillas o aglomerados de carbón vegetal son algo más caros y «lentos». Precisan unos 30 minutos para llegar a la temperatura deseada (200 °C más o menos), pero conservan el calor durante más tiempo; según el espesor de la capa de brasas, la temperatura permanece casi constante de 30 a 90 minutos, descendiendo solamente unos 20 °C. Si por algún motivo es preciso añadir más carbón durante el proceso de asado, las variaciones de temperatura son mucho mayores. En un primer momento, ésta desciende unos 50 °C y tarda unos 15 minutos en recuperar el nivel necesario.

Con leña «no carbonizada» pueden prepararse también asados excelentes. Las más apropiadas son las maderas duras, como las de roble, haya, álamo o abedul, así como el enebro y la vid (cepas secas), que proporcionan un aroma adicional durante el asado. Asimismo es posible utilizar madera de árboles frutales, destacando las de naranjo o limonero como particularmente refinadas. La leña de nogal americano es bastante más cara, pero mantiene largo tiempo la temperatura por lo que resulta excelente para asar piezas grandes al tiempo que da al asado un ligero sabor ahumado.

No obstante, con el carbón vegetal sencillo se pueden lograr también los matices de sabor más refinados esparciendo sobre las brasas piñas, hierbas secas (romero, tomillo, enebro, salvia, lavanda, semillas de hinojo, flores de eneldo, etc.) o bien hierbas especiales para el fuego. Estas últimas se venden ya mezcladas y aromatizan tanto los asados de carne como de pescado además de combinar muy bien con las verduras de sabor intenso.

Si se utiliza leña para hacer fuego, hay que encenderlo de 45 a 60 minutos antes de asar, ya que hasta pasado este tiempo no desaparecen las llamas y el humo. Los alimentos no deben colocarse en la parrilla hasta que la leña

Un poco de técnica es también necesario

presente una delgada capa de ceniza. Cualquiera que sea la madera utilizada, debe estar muy seca. La leña húmeda (aunque sólo sea ligeramente) o podrida debe rechazarse igual que el carbón vegetal viejo o húmedo, pues no alcanzan la temperatura necesaria y, además, forman un humo intenso que impide asar adecuadamente.

Tampoco es apropiado el carbón vegetal muy seco y viejo (es decir, almacenado demasiado tiempo), ya que debido a la sequedad, arde «como la paja» y no alcanza ni siquiera a mantener la temperatura necesaria.

Las maderas blandas y resinosas resultan igualmente inadecuadas, ya que arden muy rápidamente y chisporrotean. Las chispas y cenizas que suelen saltar recubren con una capa gris muy fina, pero duradera, no sólo los asados, sino también a los invitados, platos y bebidas. No obstante, son muy útiles para encender el fuego si se parten en astillas pequeñas. Prenden con rapidez y dan una llama grande que hace arder el carbón o la madera.

Temperatura y distancia

Al observar cómo sus invitados esbozan una sonrisa de compromiso mientras se esfuerzan en masticar el asado, muchos principiantes se preguntan por qué su obra no ha tenido el éxito esperado. La carne era de primera, los condimentos apropiados, en el grill todo tenía un aspecto crujiente y tierno y el aroma era prácticamente irresistible. ¿Qué ha pasado? Probablemente, las brasas no estaban bastante calientes —hay que pensar siempre en la capa de ceniza blanca—. O quizá el error estuvo en la relación entre la temperatura y la distancia de las piezas a asar con respecto a las brasas, pues esta relación desempeña un papel decisivo.

Empecemos por el principio: asar al grill es preparar los alimentos mediante calor de radiación directa. Las piezas se calientan en la superficie por la captación de los rayos (y en menor medida por la corriente de aire caliente). Las proteínas se coagulan en la cara exterior —se cierran los poros— y forman la bonita costra que impide que el jugo se salga. Esta costra se forma de manera óptima cuando la temperatura en la superficie del material oscila entre 175 y 200 °C. Para ello, las brasas deben estar a unos 600 °C; en las resistencias de los hornos los valores oscilan, según el tipo de aparato, entre 400 y 750 °C. Nunca debe asarse a temperaturas más elevadas, ya que el exterior se carbonizaría sin remedio mientras el interior continuará crudo. Por esta razón, es importante no seguir nunca el mal ejemplo (muy extendido) de calentar el carbón vegetal con el fuelle hasta obtener brasas blancas para acelerar el proceso. Con este método se obtienen temperaturas de más de 100 °C, un calor que en el peor de los casos puede derretir hasta las parrillas, sin mencionar lo que suele quedar de la carne. Sin embargo, deben evitarse también las temperaturas demasiado bajas, ya que retrasan la coagulación de las proteínas, y, por tanto, la formación de la costra, con el catastrófico resultado de que el jugo se sale, el asado queda seco, fibroso y duro, y no sólo pierde en aroma, sino también en peso. Lo mismo ocurre cuando el material a asar está húmedo, ya que la capa de humedad no permite que los rayos infrarrojos penetren bien en la carne. Por otra parte, la humedad de la superficie necesita calentarse antes de que las proteínas reciban suficiente calor como para coagularse.

Junto a la temperatura correcta, la distancia entre las piezas a asar y la fuente de calor desempeña un papel esencial en el éxito de las recetas. El interior del asado no alcanza su punto por radiación directa, sino

Un poco de técnica es también necesario

por conducción del calor. Las temperaturas aquí son notablemente más bajas que en la costra exterior; según el tipo de carne y el grado de cocción deseado, al finalizar el tiempo de asado, oscilan entre 60 y 85 °C. Para evitar una diferencia demasiado grande entre la temperatura exterior e interior, el material debe colocarse a la distancia correcta de las brasas. Como es sabido, el calor máximo se da directamente en las brasas (o en las resistencias); por tanto, las piezas delgadas que se asan enseguida se colocarán relativamente cerca de la fuente de calor, mientras que los trozos de carne más gruesos, que deben mantenerse más tiempo sobre el fuego, necesitarán una distancia mayor para no quemarse por fuera.

Las cifras exactas son sinónimo de seguridad y confianza. El profesor polaco Damazy Jerzy Tilgner, del Instituto de Tecnología de Productos Animales de Gdansk, las ha investigado en numerosos experimentos científicos. De acuerdo con ellos, los trozos de carne delgados, de 2,5 cm de grosor (bistecs, chuletas, filetes), alcanzan la temperatura óptima de 200 °C a una distancia de 5 cm, mientras que las porciones más gruesas, de 5 cm de grosor, alcanzan la temperatura de 175 °C, que es la ideal para ellas, a una distancia de 8 cm. Estas cifras deberían anotarse como regla básica, haciendo después los cálculos correspondientes para todos los demás tamaños situados entre estos valores. Un asado al espetón, por ejemplo, puede asarse hasta a 15 cm de distancia de las brasas. La observancia de tales cifras orientativas no sólo tiene un efecto positivo sobre el sabor sino también sobre la pérdida de peso: con una temperatura superficial óptima de 175 °C en piezas gruesas y de 200 °C en piezas delgadas, ésta es solamente —según el tipo de carne— del 20 al 23 por 100; con 225 °C aumenta ya entre un 25 y un 31 por 100, y con temperaturas demasiado bajas, por ejemplo de 150 °C, la pérdida de peso es del 30 al 34 por 100, sin que en este caso importe demasiado que la costra se haya formado correctamente o no.

El aspecto interior

Los asados deben tener un aspecto crujiente por fuera y jugoso por dentro. En la práctica, lograr esta meta es muy sencillo. El primer requisito es utilizar siempre materias primas de la mejor calidad (véase al respecto las páginas 119 y ss.); el segundo, preparar correctamente el grill (véase página 14 y s.); el tercero mantener el calor adecuado a la distancia óptima, como se ha explicado anteriormente, y el cuarto, el tiempo de asado.

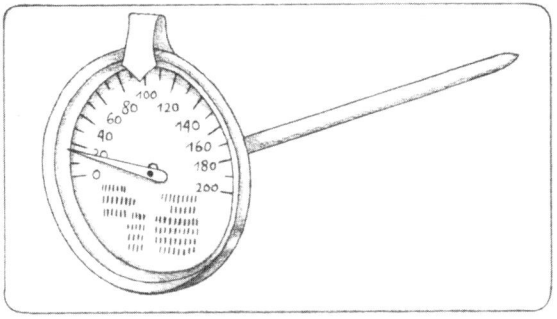

El termómetro para carne permite determinar el punto de un asado con la máxima precisión. Especialmente práctico para las piezas grandes.

Se nos dirá que no puede mirarse la carne por dentro. Esto es cierto en parte, pero sólo en parte, pues existen toda una serie de pruebas del punto bastante seguras. Unas se basan en el jugo que sale de la carne, otras en la resistencia que ofrece a la presión del dedo, el tiempo o la propia experiencia.

Un poco de técnica es también necesario

El método más seguro para comprobar el grado de cocción y lograr «el punto justo» es medir la temperatura con un termómetro especial para carne, que mide exactamente la temperatura en el centro de la pieza con independencia de su calidad, el calor del grill y todos los demás factores. Sólo esta temperatura es la responsable de que la carne esté tierna o dura al partirla. Diversos especialistas han investigado las temperaturas que predominan en el interior de un asado cuando éste ha alcanzado un grado de cocción determinado.

Cuando la temperatura interior es de 45 a 60 °C, la carne (según el tipo) está todavía bien sangrante por dentro (bleu, saignant, underdone); de 60 a 70 °C está rosada o medio hecha (à point, medium, done) y de 75 a 80 °C está totalmente asada (bien cuit, well-done).

Para obtener exactamente la temperatura deseada, la punta del termómetro, parecida a una aguja, se pincha en la carne de modo que no se salga al girarlo, y se asa hasta alcanzar la temperatura deseada en la escala. ¡Así de sencillo! Aunque con las piezas delgadas puede prescindirse del termómetro, se recomienda que los principiantes lo utilicen como control. No obstante, no es conveniente pinchar demasiadas veces la carne para evitar pérdidas de jugo innecesarias.

Este valioso jugo debe conservarse después de asada la pieza. Por esta razón, la carne nunca debe cortarse inmediatamente después de retirarla del fuego, ya que el jugo se saldría sin remedio. La carne debe reposar junto al grill de 5 a 15 minutos —según el tamaño—. Para que no se enfríe durante este tiempo, conviene envolverla en papel de aluminio. El jugo, liberado de la presión del calor, se reparte entonces por todas las fibras y células y queda retenido por el calor, que penetra lentamente desde fuera hacia dentro. El calor que fluye hacia el interior no recuece la carne si no se aporta más calor desde fuera.

Encender el fuego en el momento preciso

A pesar de la atracción que ejerce y el ambiente que da mirar las brasas, es preferible no jugar con el fuego hasta que la comida y las bebidas estén preparadas, ya que el carbón (o leña) demasiado quemado no alcanza la temperatura necesaria.

Las siguientes indicaciones pretenden ayudar a que el «trabajo» en el grill discurra de forma rápida y sin problemas:

- Comprobar la posición del grill y tener en cuenta la dirección del viento. Evidentemente, y no en último lugar por razones de seguridad, el grill no puede utilizarse cuando hay tormenta. En cualquier caso, colocar el grill de manera que la casa y los invitados no se encuentren en la dirección de las chispas y el humo. Pensemos también en los vecinos, pues a todo el mundo no les gustan los aromas de los demás. Para evitar cualquier disgusto, es aconsejable informarles antes o mejor aún, invitarlos a la fiesta. Si durante ésta cambia la dirección del viento, el afortunado propietario de un grill transportable sólo tendrá que variar su posición. Con los grills fijos (ver página 9) habrá que abrir una sombrilla que impida al viento soplar en las brasas. De todos modos, esta medida sólo es útil con una brisa ligera, para vientos más fuertes no sirve.
- Revestir el grill con papel de aluminio extrafuerte. Esta medida aumenta la reflexión de los rayos, facilita la limpieza y protege el grill. El recipiente para las brasas de los buenos grills posee agujeros o ranuras que permiten la circulación del aire. Perforar consecuentemente el papel de aluminio a fin de que llegue suficiente aire a las brasas. Para favorecer la circulación del aire se puede poner también una capa de 2 cm de grosor de guijarros no demasiado pequeños sobre el papel de aluminio.

Un poco de técnica es también necesario

• Colocar a continuación el carbón vegetal (o las pastillas o la leña). En los recipientes horizontales, éste se apila en capas en forma de pirámide, cuidando de que la cantidad no sea demasiado grande. Por el contrario, los recipientes verticales deben llenarse hasta arriba, ya que sólo de este modo las brasas irradian a todo lo ancho.

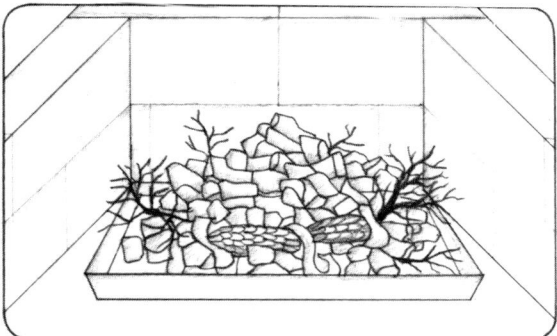

Para encender el fuego, colocar el combustible en forma de pirámide y mezclarlo con ramas secas, piñas o pastillas especiales.

• Para encender el fuego se puede mezclar el carbón vegetal con astillas, ramas secas, piñas o con pastillas especiales para encender. También el alcohol de quemar presta buenos servicios: verter media taza aproximadamente sobre el carbón, esperar un mínimo de 30 a 40 segundos, hasta que el carbón haya absorbido el alcohol, y encender el fuego. ¡Nunca antes! Utilizar preferentemente una cerilla larga como las que se usan en las chimeneas o una astilla, acercándolas al carbón por un lado, nunca desde arriba, ya que se produce una llama viva que podría quemar las cejas, la nariz o el pelo. Si hay que añadir más alcohol, verterlo lentamente sobre el combustible con una cuchara larga (o un cucharón). ¡No verterlo nunca directamente de la botella, ya que la llama alta que se origina podría incendiar todo el contenido de la misma! Los «valientes» que colocan la botella de alcohol junto al grill a modo de decoración no deberían sorprenderse si de repente lo encuentran todo en llamas. No utilizar en ningún caso bencina, petróleo o fueloil, pues aunque, evidentemente, arden bien, no sólo estropean el aroma, sino que pueden producir intoxicaciones mortales.

• En cuanto el carbón vegetal arda vivamente, extenderlo hasta formar una base uniforme que puede ser algo más gruesa en el borde a fin de aumentar la superficie disponible para asar. Sólo cuando se han extinguido todas las llamas y el carbón arde con un color rojizo, se coloca la parrilla —¡la carne todavía no, por favor!—, que debe calentarse hasta que el carbón esté recubierto de una fina capa blanca. Según la altura de las brasas, esto ocurre entre 5 y 15 minutos más tarde; sólo entonces el grill está realmente listo para funcionar. La parrilla bien caliente impide que los alimentos se peguen, por lo que en la mayoría de los casos no es necesario engrasarlos.

• Si la cantidad de brasas no es suficiente, calentar más carbón en el borde y acercarlo al centro cuando presente también una capa blanca. De este modo se evita que disminuya la temperatura, lo que podría hacer que la carne resultara seca y fibrosa.

Los 20 trucos para que el grill sea un éxito

- Encender el fuego a tiempo; el carbón vegetal debe estar recubierto por una capa de ceniza blanca. Antes no debe asarse.
- La superficie de las brasas debe ser siempre algo mayor que las piezas a asar.
- Calentar previamente las parrillas, ya que de lo contrario se pegarán los alimentos.
- Si la capa de cenizas es demasiado gruesa, soplar ligeramente antes de colocar las piezas a asar.
- No sacar las piezas directamente del frigorífico. Para que la costra se forme con la rapidez requerida, deben estar a la temperatura ambiente.
- Todo lo que vaya a ponerse sobre la parrilla debe estar bien seco. La humedad absorbe calor y los poros no se cierran con la suficiente rapidez.
- Empezar a asar siempre con calor intenso y continuar con calor mediano.
- Si lo que se desea asar es carne muy tierna o pescado, untar ligeramente con aceite las parrillas bien calientes. De este modo es más difícil que se peguen. En la mayoría de los casos debe preferirse el aceite a la mantequilla, ya que no se quema tan rápidamente como ésta. Sólo durante los últimos minutos se puede añadir mantequilla si se quiere degustar su sabor.
- Evitar que gotee grasa a las brasas durante el asado, ya que al quemarse, produce llamas que estropean el proceso, además de dar lugar a los temidos hidrocarburos (benzopirenos). Por esta razón, cuando las piezas a asar son ricas en grasa conviene utilizar, a ser posible, un grill con brasas verticales y una bandeja para recoger el jugo. Si se produjera una llama, apagarla inmediatamente con un poco de agua.
- Utilizar siempre un termómetro para carne cuando se asan trozos grandes.
- Una vez asados, dejar reposar los trozos de carne gruesos, y también los filetes, antes de trincharlos, se evitarán pérdidas innecesarias de jugo.
- La sal se pone al final, ya que al absorber humedad, extrae el jugo de los poros a la superficie.
- La planificación es fundamental, pues el proceso en sí es muy rápido. Preparar con anticipación todos los ingredientes, aparatos y utensilios. Lo mismo cabe decir de las ensaladas, salsas y acompañamientos.
- Cuando se organiza una barbacoa, los ayudantes son imprescindibles. Lo mejor es adjudicar a cada persona una «misión especial». Uno debe ocuparse de las brasas, otro de las bebidas, otro de los platos y los vasos, etc.
- Procurar poner orden de vez en cuando en el transcurso de la fiesta. Las montañas de platos sucios y servilletas usadas causan muy mal efecto.
- Pensar también en los vecinos. No colocar el grill de manera que el humo y el olor entren en sus casas; a algunos no les hace ninguna gracia.
- Si la casa es alquilada, conviene mirar en el contrato si está permitido asar en la terraza o el jardín. De lo contrario, habrá que buscar un sitio público.
- También en las noches de verano puede refrescar. Un buen anfitrión (anfitriona) debería tener preparadas unas cuantas chaquetas de lana para que nadie tenga que tiritar junto al fuego.
- Asar al grill no es una actividad absolutamente seria, pero nunca debería degenerar en imprudencia. Prestar, pues, una atención especial a los niños, a los que el fuego atrae de una forma mágica. No obstante, los adultos pueden deparar también sorpresas, por lo que conviene tener a punto un extintor o un cubo de agua, así como una pomada especial para quemaduras y vendas.
- No olvidar las bebidas ni la música, tan importantes en una barbacoa como el buen tiempo y el buen humor.

Una pequeña fiesta con el grill

El arte de vivir es también el arte de disfrutar. ¿Y cómo disfrutar mejor que en compañía de buenos amigos o vecinos (¡también puede ser la familia!), reunidos alrededor de un buen fuego sobre el que se va asando una buena parrillada? Si tratamos de recordar el aroma, seguro que tendremos ganas de volver a asar al grill. ¡Organicemos, pues, una pequeña fiesta! Ni siquiera los novatos deben echarse atrás, ya que este capítulo está pensado especialmente para los todavía inexpertos. Para ello hemos seleccionado un montón de recetas tan sencillas de preparar como seguras con las que el éxito está asegurado. No es imprescindible deslumbrar con platos exóticos, sino que lo realmente importante es que cada producto (aunque sea una simple salchicha o un trozo de panceta) esté preparado lo mejor posible.

Empecemos con la planificación. Invitar a los amigos telefónicamente o por escrito. Procurar en todo caso que confirmen su asistencia con el fin de comprar las cantidades correctas. El siguiente paso es confeccionar una lista de platos apreciados por anfitriones e invitados y que, además, sean acordes con el presupuesto. A continuación hay que ocuparse de las bebidas (véase al respecto la página 139) y de la posibilidad de enfriarlas. Si no se quiere transportar el frigorífico a la terraza (¡y quién va a querer semejante cosa!), puede utilizarse un barreño grande de plástico lleno de hielo y agua. Se meten dentro las botellas y problema resuelto. La compra de las bebidas y el fuego suelen ser cosa de los hombres. A la anfitriona sólo (!) le queda ocuparse de los alimentos a asar y de los acompañamientos. Carne, pescado, aves, etc., deben prepararse con antelación en la cocina. Según requiera la receta, se adobarán, rellenarán, etc. Las cantidades y los tiempos de preparación exactos se indican en las recetas correspondientes. Las salsas, mezclas de mantequilla, mostaza, condimentos preparados y aliños se preparan en la cocina y se ponen en una bandeja grande que luego se sacará al jardín. Hacer lo mismo con el pan, patatas fritas, almendras y demás cosas para picar. No excederse con los aperitivos, ya que sacian rápidamente y pueden quitar el apetito para degustar los sabrosos alimentos preparados al grill. Debido a su alto contenido en calorías, es preferible sustituirlos por pepinillos, cebollitas en vinagre, banderillas o vegetales frescos cortados en trozos pequeños; son igualmente eficaces para entretener el hambre, pero no sacian antes de tiempo.

Las ensaladas de sabor intenso que precisan maceración pueden prepararse la víspera. Las ensaladas frescas se preparan poco antes de empezar la fiesta, ya que de lo contrario se ponen lacias.

Vasos, cubiertos, platos y servilletas tienen que estar preparados. En el mercado existe una gran variedad de servicios de plástico especiales para este tipo de fiestas. La plata y la porcelana no son apropiados para una barbacoa rústica.

Ya sólo falta distribuir por todos los rincones abundantes ceniceros, ya que las colillas esparcidas por el césped o la terraza causan un efecto muy antiestético. Como medida de seguridad conviene tener preparado un extintor o un cubo de agua. ¡Más vale prevenir que curar!

Una última advertencia acerca de la organización: hay que dejarse ayudar; asar al grill es, al fin y al cabo, una diversión colectiva y la experiencia demuestra que todo el mundo colabora gustosamente. De este modo, nadie —ni siquiera el más tímido— se aburrirá y todos hablarán de la fiesta como de «nuestra fiesta».

Página doble siguiente: El pan, diversas hortalizas y un vino agradable son imprescindibles en una fiesta. ▷

Una pequeña fiesta con el grill

Lomo de cerdo a las hierbas

Ingredientes para 8 personas: 2,2 kg de lomo de cerdo en una pieza; 2-3 dientes de ajo; 3 ramilletes de hierbas frescas variadas; 2 cucharadas de pimienta verde; 1 punta de cuchillo de mostaza en polvo; 1/4 l de vino blanco seco; 12 cucharadas de aceite; 6 cucharadas de cerveza; sal.
880 calorías por persona aproximadamente.

• Dejar macerar la carne de 3 a 4 horas como mínimo, mejor 6 horas.

Así se prepara: Limpiar la carne con un paño húmedo para eliminar restos de huesos. • Pelar los dientes de ajo y cortarlos en bastoncillos finos. Hacer pequeños cortes en la carne con un cuchillo muy afilado y meter un trocito de ajo en cada uno. • Lavar, secar y picar finamente las hierbas, aplastar los granos de pimienta verde y ponerlos en el vino junto con las hierbas y la mostaza en polvo. Mezclar muy bien. Añadir 8 cucharadas de aceite y remover. Poner la carne en el adobo y darle vueltas varias veces para que tome aroma. • A continuación, pinchar el trozo de lomo a lo largo en un espetón giratorio y colgarlo sobre el grill caliente. Asar 90-100 minutos girando el espetón uniformemente y untando la carne con frecuencia con el aceite restante. Mezclar la cerveza con la sal y untar el asado con esta mezcla muy a menudo durante los últimos 30 minutos; de este modo se forma una bonita costra. • Dejar reposar unos minutos —no demasiados—, separar los huesos de la carne y servir en filetes.

Combina bien con: Mazorcas de maíz y tomates asados (receta página 131), patatas asadas o pan. Para beber es apropiado un vino corriente o cerveza.

Variante: Escurrir una lata de piña en rodajas, utilizar el jugo en lugar del vino blanco y condimentar además con jengibre o canela. Untar las rodajas de piña con mantequilla y asarlas hasta que estén doradas.

Pollo al jengibre

Ingredientes para 4 personas: 2 pollos para asar; sal; pimienta blanca recién molida; pimentón dulce; 2 ciruelas en almíbar; 1-2 dientes de ajo; 1 manojo de cebolletas; 1 manojo de perejil; 1 pellizco de cardamomo molido; 2 cucharadas de mantequilla blanda; 4 cucharadas de aceite; jengibre molido.
445 calorías por persona aproximadamente.

Así se prepara: Lavar los pollos por dentro y por fuera y secarlos muy bien. Frotarlos por dentro con sal, pimienta y pimentón dulce. • Escurrir las ciruelas. Pelar los dientes de ajo, limpiar las cebolletas y picar ambos muy finamente. Lavar el perejil, secarlo y picarlo igualmente. Añadir a las ciruelas y trabajar hasta formar una pasta junto con el cardamomo y la mantequilla. Frotar los pollos por dentro con esta pasta, cerrar las aberturas o coserlas y poner los pollos en un espetón giratorio de manera que giren uniformemente. • Untar con aceite y colgar sobre las brasas ya preparadas. Asar durante 1 hora escasa untando varias veces con el aceite. En el momento en que los pollos tengan una costra dorada, mezclar el aceite con la sal, la pimienta, el pimentón y el jengibre molido y untar con esto los pollos. • Retirarlos del espetón y servir divididos por la mitad a lo largo.

Combina bien con: ensalada veraniega (receta página 102) y croissants (de la panadería).

Una pequeña fiesta con el grill

Filetes a la parrilla con ajo

Ingredientes para 4 personas: 4 filetes para parrilla de 180 g cada uno; 1 cabeza de ajos; 6 cucharadas de aceite de oliva; el zumo de 1 limón grande; 2 cucharadas de mayonesa; 100 g de nata líquida; sal; pimienta blanca recién molida; pimienta de Cayena; pimentón dulce.
700 calorías por persona aproximadamente.

• Los filetes para la parrilla tienen el grosor de un dedo y se sacan del lomo alto, es decir, de la parte más gruesa.

Así se prepara: Aplastar ligeramente con los dedos los filetes y cortar varias veces los bordes de grasa para que no se doblen al asar. Tomar 2 dientes de la cabeza de ajos, pelarlos, aplastarlos y mezclarlos con 2 cucharadas de aceite. Untar a fondo la carne y dejarla reposar tapada hasta que esté preparada la salsa. • Para la salsa, desprender los restantes dientes de ajo, pelarlos y cocerlos 10-15 minutos en agua hirviendo. Escurrir y pasar por un tamiz; mezclar con el zumo de limón y la mayonesa. Montar la nata y añadirla con cuidado a la salsa. Condimentar con sal, pimienta y pimienta de Cayena. Poner la salsa en un cuenco y espolvorearla con un poco de pimentón dulce. • Quitar los restos de ajo de los filetes (se quemarían rápidamente), untar con el aceite restante y colocar sobre el grill muy caliente. Asar 3-5 minutos por cada lado y salpimentar a continuación. • Servir inmediatamente junto con la salsa y pan de barra o patatas fritas.

Combina bien con: ensalada de pepino con queso de oveja (receta página 100).

Los filetes a la parrilla con ajo, acompañados de una salsa, resultan sabrosos al aire libre.

Una pequeña fiesta con el grill

Pollo al grill con hierbas a la jardinera

El pollo puede condimentarse con casi todas las hierbas. Se pueden añadir unas hojitas de lavanda o un poco de hierbabuena.

Ingredientes para 4 personas: 2 pollos para asar de 900 g cada uno; sal; pimienta blanca recién molida; 1 1/2 cucharaditas de pimentón dulce; 1 diente de ajo; la corteza rallada de 1/4 limón; 2 cucharaditas de mantequilla blanda; 1 ramillete de perejil; 2 ramas de romero y de albahaca; 1 rama de estragón y otra de tomillo; 3 cucharadas de aceite; 1/2 cucharadita de azúcar.
400 calorías por persona aproximadamente.

Así se prepara: Lavar los pollos por dentro y por fuera con agua fría y secarlos muy bien. A continuación, frotarlos por dentro con sal, pimienta y un poco de pimentón. Pelar los dientes de ajo y picarlos finamente o machacarlos y mezclar con la corteza de limón rallada y la mantequilla. Repartir esta mezcla en los dos pollos. Lavar las hierbas, formar dos ramilletes con ellas y meterlos igualmente en los pollos. Cerrar las aberturas y sujetar los pollos en un espetón. Frotar con sal y pimienta, mezclar el resto de pimentón con el aceite y untar con ello los pollos. • Asar 40-60 minutos (según la proximidad del grill). Añadir el azúcar al aceite y untar a menudo los pollos con esta mezcla durante los últimos minutos para que la piel se ponga crujiente. • Desprender los pollos del espetón, partirlos por la mitad a lo largo y sacar el relleno. Aliñar las mitades y adornar con hierbas.

Combina bien con: ensalada mixta y patatas fritas, pan tostado o patatas en papillote (ver página 98). Con este acompañamiento, el pollo puede ser plato único. Para beber puede servirse un vino blanco seco.

> **Nuestro consejo:** Servir rodajas grandes de limón o rociar los pollos calientes con un poco de zumo de limón. Para ello, la carne debe estar todavía muy caliente, de manera que el zumo «cruja», ya que sólo así puede penetrar adecuadamente.

Costillas de cerdo a la mexicana

Ingredientes para 4 personas: 2 kg de costillas de cerdo; pimienta negra recién molida; 3 cucharadas de aceite; 1/8 l de zumo de tomate; 2 copitas de Sangrita picante (4 cl); 5 cucharadas de miel; sal; pimienta de Cayena; 1 cucharada de pimentón dulce; 1 chorro de salsa de Tabasco y otro de vinagre de vino; 2 dientes de ajo; 1 cucharada de pimienta verde.
970 calorías por persona aproximadamente.

Así se prepara: Partir la pieza de costillas en porciones de ración y limpiarlas con un paño húmedo para eliminar posibles restos de huesos. Frotar con pimienta y un poco de aceite y reservar tapado. • Mezclar el aceite restante con el zumo de tomate, Sangrita y la miel y condimentar bien con sal, pimienta de Cayena, pimentón, salsa de Tabasco y vinagre. Pelar y machacar los dientes de ajo, picar los granos de pimienta verde. Añadir ambos ingredientes a la salsa. • Colocar las costillas sobre el grill bien caliente y asar 20-25 minutos dando la vuelta a menudo. Durante los últimos 5-8 minutos, untar frecuentemente con la salsa para que la carne se ponga crujiente y sabrosa. • El resto de la salsa puede servirse como acompañamiento.

Las costillas de cerdo a la mexicana deben estar bien picantes y crujientes.

Una pequeña fiesta con el grill

Salchichas rellenas

Ya en los días de mi niñez, estas salchichas rellenas eran uno de mis platillos favoritos y hoy difícilmente puedo resistirme a comerlas. Desde luego, nadie discutirá que son verdaderamente deliciosas.

Ingredientes para 4 personas: 4 salchichas gruesas; 1/4 de ramillete de perejil; 1 cucharadita de pimienta verde; 3 cucharaditas de mostaza; 1 cucharadita de rábano picante; pimentón dulce; curry; 125 g de jamón de york magro en un trozo; 100 g de queso Emmental en un trozo; 2 cucharadas de aceite.
490 calorías por persona aproximadamente.

Así se prepara: Cortar las salchichas a lo largo hasta algo más allá del centro. Picar el perejil, machacar la pimienta. Mezclar la mostaza con el rábano picante, la pimienta y el perejil y condimentar con pimentón y curry. Quitar los bordes de grasa del jamón y la corteza del queso. Cortar ambos en tiras finas y mezclar. Untar abundantemente las salchichas con la mezcla de mostaza por la parte de la incisión y rellenar con las tiras de jamón y queso. • Untar las salchichas con el aceite y asar sobre la parrilla o en el horno hasta que el queso se funda. • Si se desea, se pueden espolvorear con un poco más de pimentón y curry.
Servir inmediatamente; estas salchichas rellenas no deben enfriarse, ya que su sabor resultaría aburrido.

Combina bien con: mostaza, salsa de tomate o catchup con curry y salsas preparadas. Servir también pan campesino y una ensalada mixta —por aquello de las vitaminas—. Para los niños no deberían faltar las bebidas de zumos de frutas o limonadas, y para las personas mayores lo más apropiado podría ser una cerveza bien fría.

Chuletas de cordero con hierbabuena

Ingredientes para 4 personas: 4 chuletas de cordero dobles (chops) de 3 cm de grosor; 2 dientes de ajo; 6 ramas de hierbabuena fresca; el zumo de 1 limón; 2 cucharadas de coñac; pimienta negra recién molida; 3 cucharadas de aceite; sal.
635 calorías por persona aproximadamente.

• Las chuletas de cordero dobles (chops) se sacan del lomo entero. Conviene preguntar con antelación al carnicero, ya que a veces hay que encargarlas.
• Dejarlas macerar durante unas 2 horas.

Así se prepara: Limpiar las chuletas con un paño húmedo. Pelar y machacar los dientes de ajo, lavar y picar finamente la mitad de la hierbabuena. • Mezclar el zumo de limón con el coñac, la pimienta, el ajo y la hierbabuena. Dejar macerar la carne en esta mezcla dándole la vuelta con frecuencia. • Secar las chuletas, untarlas con aceite y asarlas 5-8 minutos por cada lado en el grill previamente calentado. • Salpimentar y espolvorear con las hojas de hierbabuena restantes.

Asado de cerdo con costra

Conviene utilizar un grill con brasas verticales a fin de poder preparar la salsa en el recipiente que recoge el jugo que va soltando la carne. No obstante, también puede hacerse con brasas horizontales. En este caso, verter un poco de agua o de vino en el recipiente que recoge el jugo, ya que, de lo contrario, se quemaría.

Una pequeña fiesta con el grill

Ingredientes para 4 personas: 1 kg de espaldilla o aguja de cerdo deshuesada; 1/8 l de zumo de piña; el zumo y la corteza rallada de 1 naranja grande; 6 cucharadas de aceite; 1/2 cucharadita de pimienta negra en grano; 1 pellizco de jengibre molido; 1 cebolla; 2 dientes de ajo; sal; pimienta negra recién molida; 4 cucharadas de queso fresco.

• La carne debe adobarse 24 horas más o menos dándole la vuelta con frecuencia.

Así se prepara: Limpiar la carne con un paño y hacer incisiones en la corteza en forma de rombos. • Mezclar a fondo el zumo de piña con el zumo y la corteza de naranja, el aceite, los granos de pimienta y el jengibre. Pelar la cebolla y los dientes de ajo, cortar la cebolla en anillos y el ajo en bastoncillos y añadirlos al adobo junto con la carne. • Una vez adobada, secar bien la carne y enrollarla con la corteza hacia fuera. Pincharla en un espetón de manera que pueda girar uniformemente. • Asar 2-2 1/2 horas. Cuando la carne tenga una bonita costra, pasar el adobo por un tamiz, salpimentar y ponerlo en el recipiente que recoge el jugo. Untar a menudo el asado con esta salsa. • Una vez terminado el tiempo de asado, sacar la carne del espetón y dejarla reposar 15 minutos al borde del grill envuelta en papel de aluminio. • Entre tanto, mezclar el adobo con queso fresco o nata líquida, volver a calentarlo y rectificar de sal. Poner en una salsera. • Retirar el papel de aluminio de la carne y trincharla en rodajas de 1 cm de grosor aproximadamente. Añadir algo más de sal y pimienta y servir inmediatamente con la salsa.

Combina bien con: ensalada de patatas a la bávara (receta página 106), ensalada tejana de maíz (receta página 98) o patatas con queso y nata (receta página 106).

La piña, la naranja y el jengibre proporcionan al asado de cerdo con costra un aroma realmente exótico.

Una pequeña fiesta con el grill

Filetes de pularda al estilo de Amsterdam

Ingredientes para 4 personas: 4 filetes de pularda grandes u 8 pequeños; pimienta blanca; 1 lata pequeña de macedonia de frutas; 2 cucharadas de miel; el zumo de 1/2 limón; curry; pimentón dulce; 1 cucharada de mango; 1 cucharada de mantequilla; 2-3 cucharadas de aceite; sal; 2 ramas de eneldo; 3 cucharadas de nata líquida.
560 calorías por persona aproximadamente.

Así se prepara: Condimentar los filetes con la pimienta por ambas caras. • Escurrir la fruta y apartar el jugo. Mezclar la mitad del jugo con la miel y la otra mitad con el zumo de limón, curry y pimentón. Picar el mango. • Derretir la mantequilla en una sartén o cazuela pequeña, sofreír brevemente las frutas junto con el mango y regar con el jugo de la lata condimentado. Dar un hervor y reservar al borde del grill. • Untar la carne con el aceite y asar sobre el grill caliente 3-6 minutos por cada cara. A mitad de cocción, untar con la mezcla de miel. • Salar la carne, picar el eneldo. Salpimentar la mezcla de frutas, mezclar con la nata y el eneldo y repartir sobre la carne.

Chuletas a la pimienta flameadas

Ingredientes para 4 personas: 4 chuletas de cerdo de 150 g cada una; 1 diente de ajo; 1/8 l de aceite; pimienta negra recién molida; 4 copitas de coñac (8 cl); sal; 2-3 cucharadas de pimienta verde; 1 ramito de berros.
495 calorías por persona aproximadamente.

• Adobar las chuletas 6-8 horas.

Así se prepara: Dar varios cortes a los bordes de grasa de las chuletas. • Pelar y machacar el diente de ajo. Mezclar el aceite con el ajo, pimienta abundante y 1 copita de coñac. Poner las chuletas en esta mezcla y dejar adobar dándoles la vuelta varias veces. • Secar bien la carne y asar en el grill bien caliente 5-6 minutos por cada lado. • Salar por ambas caras y espolvorear con la pimienta verde. • Calentar el licor restante en un cucharón, verter sobre la carne y prender. Servir adornado con los berros.

Truchas con tomates

Ingredientes para 4 personas: 4 truchas; sal; pimienta negra recién molida; el zumo de 1/2 limón; 4 cucharadas de ginebra; 2 ramitos de eneldo; 40 g de mantequilla blanda; 2 bayas de enebro; 6 cucharadas de aceite; 8 tomates pequeños; 1 cebolla grande.
460 calorías por persona aproximadamente.

Así se prepara: Lavar las truchas con agua fría y secarlas bien. Condimentar por dentro con sal, pimienta, zumo de limón y la mitad de la ginebra. Picar finamente el eneldo. Mezclar la mantequilla con sal, pimienta, la ginebra restante, las bayas de enebro machacadas y el eneldo. Rellenar con esta mezcla las truchas y cerrar bien las aberturas. • Untar las truchas con aceite, engrasar igualmente la parrilla del grill y asar las truchas unos 10 minutos, dándoles la vuelta. • Entre tanto, escaldar los tomates con agua hirviendo, pelarlos y partirlos por la mitad. • Untar las mitades de tomate con el aceite restante y asar unos 5 minutos. • Pelar y picar finamente la cebolla. Condimentar las truchas y los tomates y servir espolvoreados con sal, pimienta y cebolla.

Una variación para las truchas: en plan rústico y muy condimentadas.

Asar al grill, la alegría del campista

La cocina de camping es cocina de vacaciones y, como tal, significa tranquilidad y alegría, lejos del ajetreo y el estrés cotidianos. En los últimos tiempos, la «vida sencilla» asociada al camping se está volviendo cada vez más confortable. Mientras que las generaciones anteriores tenían que recoger leña para calentar medianamente las latas que habían llevado consigo, en la actualidad existe una gran oferta de aparatos y accesorios para la cocina de camping o de viaje. Los infiernillos de alcohol, barbacoas transportables, carbón especial para el grill y menaje de un solo uso son sólo un ejemplo. La industria de la alimentación hace el resto. No obstante, el auténtico trabajo (!) queda reservado a los hombres, ya que los aficionados al camping —sobre todo los de género masculino— suelen ser unos apasionados del grill. Así pues, que no le discutan su éxito a los hombres las esposas, madres y amigas. Las mujeres podremos relajarnos y dejarle a «él» que «campe por sus respetos» con el grill. Sin embargo, y como medida de seguridad, habrá que ocuparse de los acompañamientos, salsas, ensaladas y bebidas, ya que muchos hombres se olvidan de todo en cuanto encienden el fuego. Una pequeña sugerencia al margen: asegurarse de antemano una ayuda para la recogida final.

Truchas ahumadas estilo camping

Excepcionalmente, para este plato no se requiere un horno de ahumar especial, sino tan sólo una cazuela de aluminio con un cestillo y tapadera. Como fuente de energía sirve la cocina de camping.

Ingredientes para 4 personas: 4 truchas; sal; pimienta negra recién molida; el zumo de 2 limones; 1 ramito de perejil; y otro de eneldo; 2 tazas de virutas de madera; 1 rama de enebro y otra de pino.
265 calorías por persona aproximadamente.

• Para ahumar deben comprarse exclusivamente truchas frescas, las congeladas no son apropiadas para ello.

Así se prepara: Lavar las truchas por dentro y por fuera y secarlas bien. Salpimentar por dentro y por fuera y regar con zumo de limón. Colocarlas una al lado de otra en el cestillo. Lavar el perejil y el eneldo y secar muy bien. Repartir sobre las truchas. Colocar las virutas en el fondo de la cacerola, poner encima las ramas de enebro y de pino, colocar encima el cestillo. Tapar la cacerola con un paño mojado y la tapadera y asegurar ésta con dos piedras.
• Calentar la placa de la cocina de camping, ahumar las truchas 10 minutos a la temperatura máxima, reducir el calor a una temperatura media y ahumar otros 10 minutos. • Sacar las truchas, abrir a lo largo y quitar piel y espinas. Servir todavía calientes.

Combina bien con: rodajas de limón, mantequilla salada y pan tostado.

Pinchitos de cerdo a la provenzal

Ingredientes para 4 personas: 4 filetes de cerdo finos y alargados de 180 g cada uno; pimienta negra recién molida; 5 cucharadas de buen aceite de oliva; 1 cucharadita de hierbas provenzales secas; 1 pellizco de pimienta de Cayena; 2 dientes de ajo; sal.

Asar al grill, la alegría del campista

385 calorías por persona aproximadamente.

• Comprar solamente filetes realmente delgados, ya que los gruesos requieren demasiado tiempo para asarse. Si es posible, cortarlos en forma de mariposa y golpearlos a continuación ligeramente.
• Las hierbas provenzales se venden ya preparadas con el nombre de «Herbes de Provence».

Así se prepara: Secar los filetes con papel absorbente y frotarlos con pimienta por ambas caras. Mezclar el aceite con las hierbas ligeramente trituradas y la pimienta de Cayena. Pelar los dientes de ajo y añadirlos machacados al aceite. Untar los filetes con esta mezcla por ambos lados. Doblar la carne a modo de acordeón y pincharla en cuatro pinchos, asarla sobre el grill caliente unos 15 minutos dándole la vuelta de vez en cuando. Mientras se asa, volver a untar con aceite de vez en cuando.
• No salar la carne hasta que esté asada.

> **Nuestro consejo:** La carne queda aún más aromática si se deja varias horas en la mezcla de aceite.

Huevos al plato

Para hacer huevos al plato en el grill se necesitan moldecitos de aluminio. Cortar círculos grandes de papel de aluminio extrafuerte y darles forma de molde con ayuda de una lata de conserva. Son muy sencillos de hacer y además, baratos.

Ingredientes para 4 personas: 125 g de bacon; 2 cebollas grandes; 2 cucharadas de mantequilla; 4 huevos; sal; pimienta blanca recién molida; 2 ramitos de perejil o 1/2 manojo de cebollino.
340 calorías por persona aproximadamente.

Así se prepara: Partir el bacon en dados pequeños, repartirlo en cuatro moldes y freírlos sobre el grill. Pelar las cebollas y picarlas finamente. • Calentar la mantequilla en los moldes, añadir la cebolla y dejar que se dore. Cascar 1 huevo en cada molde, salpimentar y dejar cuajar. • Retirar los moldes del grill. Picar el perejil o el cebollino. Espolvorear los huevos con el perejil o el cebollino.

Arenques a la andaluza

Ingredientes para 4 personas: 4 arenques frescos; sal; pimienta blanca recién molida; el zumo de 1 limón; 3 rebanadas de pan de molde sin corteza; 6 cucharadas de jerez seco (fino); 1 ramito de perejil; 8 aceitunas verdes rellenas de pimiento; 1 cucharada de mantequilla; 2 huevos; 1 diente de ajo; 4 cucharadas de aceite.
715 calorías por persona aproximadamente.

Así se prepara: Lavar los arenques por dentro y por fuera con agua fría y secarlos con papel absorbente. Condimentar por dentro con sal, pimienta y zumo de limón. • Trocear el pan de molde, calentar el jerez, regar el pan con éste y dejar que se ablande. Entre tanto, lavar y picar finamente el perejil y trocear las aceitunas escurridas, añadiendo este picadillo al pan. Derretir la mantequilla. Añadir a la mezcla anterior los huevos y la mantequilla derretida, pero no caliente, pelar los dientes de ajo y aplastarlos en la mezcla. Condimentar con sal y pimienta. Rellenar los arenques con esta masa y cerrar las aberturas de la tripa con palillos.
• Untar los arenques con aceite y asar sobre el grill caliente 12-15 minutos a fuego de débil a moderado. Dar la vuelta a los arenques en cuanto se haya cuajado el relleno. Servir con ensalada de patata.

Los arenques a la andaluza tienen un gusto exquisito a jerez seco y a aceitunas rellenas.

Asar al grill, la alegría del campista

Chuletas de cordero con puré de judías verdes

Como el puré de judías verdes tiene un sabor fuerte, también las chuletas admiten más condimentos. Una buena idea es esparcir romero y tomillo en las brasas durante el asado, ya que el humo intensifica el aroma.

Ingredientes para 4 personas: 8 chuletas de cordero dobles de 150 g cada una; 6 cucharadas de aceite; pimienta negra recién molida; 1 cucharadita de tomillo y otra de romero; 600 g de judías verdes; 1 rama de ajedrea; sal; 8 cucharadas de nata líquida; pimienta blanca recién molida; nuez moscada rallada; 1 cucharada de mantequilla; 1/4 de ramo de perejil.

1 240 calorías por persona aproximadamente.

Así se prepara: Secar las chuletas. Mezclar el aceite con abundante pimienta negra y las hierbas trituradas. Meter la carne en el aceite. Limpiar, lavar y partir las judías verdes y cocerlas en agua salada junto con la ajedrea unos 15 minutos. Escurrirlas y pasarlas por la batidora retirando la ajedrea. Poner el puré junto con la nata en una cacerola y cocer a fuego fuerte y sin dejar de remover hasta que se forme una crema. Condimentar con sal, pimienta blanca y nuez moscada. Añadir la mantequilla en trocitos pequeños al lado del fuego. Mantener caliente al borde del grill.
• Escurrir las chuletas y asarlas 4-5 minutos por cada cara en el grill muy caliente. • Salpimentar por ambas caras y servir con el puré. Picar fino el perejil y espolvorearlo por encima.

Combina bien con: mantequilla con ajo y anchoas (receta página 109) y patatas en papillote (ver página 98).

El puré de judías verdes cremoso es un acompañamiento excelente de las chuletas de cordero.

Asar al grill, la alegría del campista

Rollo de cerdo a la danesa

Ingredientes para 6 personas: 150 g de ciruelas pasas deshuesadas; 2 manzanas grandes; 1/4 l escaso de jerez seco (fino); 1/2 palo de canela; 1 kg de carne de cerdo para asar enrollada; sal; pimienta blanca recién molida; 1 pellizco de mejorana y otro de tomillo; 4 cucharadas de aceite; pimentón dulce.
770 calorías por persona aproximadamente.

- Comprar carne uniformemente plana, ya que se rellena y se enrolla mejor.
- Las ciruelas y manzanas deben macerarse en el jerez 3-4 horas como mínimo.

Así se prepara: Trocear las ciruelas. Pelar las manzanas, quitar las semillas y partir en dados. Regar ambas con el jerez. Trocear el palo de canela y añadirlo al jerez. • Extender la carne, condimentarla con sal, pimienta, mejorana y tomillo. Secar los trocitos de ciruela y manzana, retirar el palo de canela y repartir la fruta sobre la carne. Enrollar la carne y atarla con bramante. Si el asado tiene una corteza o un borde de grasa grueso por la cara externa, cortar en forma de rombos. • Pinchar el asado a lo largo en un espetón giratorio, untarlo con aceite y asar sobre las brasas 40-45 minutos, dándole vueltas constantemente. Untar con aceite de vez en cuando. 15 minutos antes de finalizar el tiempo de asado, pasar por un tamiz el jerez que haya sobrado, mezclarlo con sal y pimentón y untar el asado con esta mezcla varias veces con ayuda de una brocha. • Dejar reposar 15 minutos junto a las brasas y trinchar.

Combina bien con: puré de patata, de bolsa o casero. Es muy fácil de preparar en la cocina de camping.

Rollo de cerdo a la danesa con ciruelas pasas empapadas en jerez.

Asar al grill, la alegría del campista

Panceta glaseada

Ingredientes para 4 personas: 8 lonchas finas de panceta veteada de 60 g cada una; 3 cucharadas de jalea de naranja; el zumo de 1/2 limón; 1 chorro de salsa de Tabasco; sal; pimienta negra recién molida; mostaza en polvo; 2 cucharadas de ron o coñac; 1 cucharada de aceite; 1 cucharada de pimienta verde.
725 calorías por persona aproximadamente.

Así se prepara: Lavar las lonchas de panceta con agua fría y secarlas bien. • Mezclar la jalea de naranja con el zumo de limón y condimentar con salsa de Tabasco, sal, pimienta, mostaza en polvo y el alcohol hasta lograr una salsa picante. • Untar las lonchas de carne con aceite y asar sobre el grill caliente 2-3 minutos por cada lado. A continuación, untar varias veces con el baño y asar otros 3-5 minutos por cada lado hasta que se haya formado una costra dorada. • Espolvorear la panceta con la pimienta verde.

Combina bien con: ensalada de patatas con rodajas de pepino, y para beber, un vino blanco seco o cerveza.

Cestillas de embutido con huevo

Ingredientes para 4 personas: 4 rodajas grandes de 1/2 cm de grosor de embutido con tripa (puede ser mortadela o salchichón); 1 cucharada de aceite; 1 ramillete de hierbas variadas; 2 huevos; 1 cucharada de agua mineral; sal; pimienta blanca recién molida; 1 cucharada de mantequilla.
240 calorías por persona aproximadamente.

Así se prepara: Untar ligeramente con aceite las dos caras del embutido y asar sobre el grill caliente hasta que los bordes se doblen hacia arriba. • Entre tanto, picar las hierbas y batir los huevos con el agua mineral, la sal, la pimienta y las hierbas. Calentar la mantequilla, echar la masa de huevos y preparar unos huevos revueltos. • Colocar las cestillas de embutido en platos calientes, rellenar con los huevos revueltos y servir inmediatamente.

Rollitos de ternera con salvia

Ingredientes para 4 personas: 4 filetes de ternera delgados de 150 g cada uno; 4 lonchas pequeñas de jamón de York; 4 lonchas de queso Gouda semicurado; 8 hojas de salvia grandes o 12 pequeñas; pimienta blanca recién molida; 4 cucharadas de aceite; sal.
345 calorías por persona aproximadamente.

• Para este plato, los filetes tienen que ser especialmente finos y grandes, ya que así son más fáciles de enrollar.

Así se prepara: Con la yema de los dedos, aplanar los filetes todo lo que sea posible. Colocar encima 1 loncha de jamón y otra de queso, así como las hojas de salvia limpias y secas en el centro. Moler pimienta con el molinillo por encima. Formar rollitos con la carne y sujetarla con palillos. Untar con aceite y colocar sobre el grill, igualmente untado con aceite. • Asar 10-15 minutos dando la vuelta varias veces, con calor mediano. A continuación, correr los rollitos al borde de las brasas (o colgar la parrilla un poco más alta) y asar otros 5 minutos. • Salpimentar y servir inmediatamente.

Combina bien con: ensalada de lechuga, guisantes con zanahorias, arroz blanco o patatas con perejil. Como bebida resulta muy refrescante un vino rosado frío o una mezcla de vino y agua mineral.

Los rollitos de ternera con salvia agradan a cualquier gourmet.

Asar al grill, la alegría del campista

Pinchitos de setas a la tirolesa

Ingredientes para 4 personas: 750 g de setas variadas; 40 g de mantequilla; 2 cebollas; 125 g de bacon; 1 pimiento rojo; 2 tomates alargados; albahaca seca; sal; pimienta negra recién molida; 2 cucharadas de aceite; perejil.
375 calorías por persona aproximadamente.

Así se prepara: Lavar cuidadosamente las setas y secarlas con papel absorbente. Cortarlas en láminas gruesas. • Calentar la mantequilla y rehogar las setas 5-8 minutos, hasta que se consuma el líquido que sueltan. • Entre tanto, pelar la cebolla y partirla en láminas, al igual que el bacon. Quitar el rabo y las semillas del pimiento, lavarlo, secarlo y partirlo en trozos grandes. Quitar el rabo a los tomates, partirlos en rodajas y condimentar éstas por ambos lados con albahaca triturada. • Sacar las setas de la mantequilla y colocarlas en cuatro pinchitos alternando con todos los demás ingredientes. Espolvorear los pinchitos con sal y pimienta, untarlos con aceite. Asar unos 10 minutos con calor muy suave. • Aderezar y adornar con perejil.

Tostada de champiñones a la florentina

Ingredientes para 4 personas: 300 g de hojas de espinacas frescas; sal; 250 g de champiñones frescos; 1 cebolla; 4 cucharadas de aceite de oliva; 1-2 dientes de ajo; pimienta negra recién molida; 4 rebanadas de pan de molde; 20 g de mantequilla; 4 lonchas de jamón de York magro; 4 lonchas de queso Emmental; pimentón dulce.
385 calorías por persona aproximadamente.

Así se prepara: Limpiar, lavar y escurrir las espinacas. Blanquear las hojas en agua salada hirviéndolas durante 3 minutos, refrescar en agua helada y dejar escurrir. Limpiar, lavar y escurrir los champiñones, cortarlos en trozos grandes. Pelar y cortar en dados la cebolla.
• Calentar 2 cucharadas de aceite de oliva y freír la cebolla hasta que esté dorada. Añadir el ajo machacado. Agregar los champiñones y rehogar hasta que se haya consumido el líquido que sueltan. Sacar los champiñones, calentar el resto del aceite en la misma cacerola y rehogar las espinacas unos 3 minutos. Retirar del fuego y salpimentar las espinacas y los champiñones.
• Tostar ligeramente el pan de molde y untarlo con mantequilla por una cara. • Poner encima una loncha de jamón, espinacas, champiñones y una loncha de queso. Asar hasta que el queso se funda y tome color. • Servir espolvoreado con un poco de pimentón.

Variantes de tostadas: Aunque existen muchas recetas de tostadas, a continuación presentamos dos particularmente sabrosas.
• *Tostada de col fermentada (Sauerkraut):* Mezclar 80 g de mantequilla con 2 cucharadas de miel y 3 de whisky y untar 4 rebanadas de pan blanco tostado con parte de esta mezcla. Colocar encima 4 rodajas de chuletas de Sajonia de 1/2 cm de grosor cada una y una lata pequeña de col fermentada (escurrida) y repartir por encima el resto de la mantequilla en trocitos como avellanas. Cubrir todo con Roquefort y gratinar hasta que el queso se funda.
• *Tostada con pimiento y aceitunas:* Repartir 200 g de salami ahumado en 4 rebanadas de pan de molde tostadas y untadas con mantequilla. Colocar encima 2 pimientos verdes cortados en tiras finas y un frasco de aceitunas verdes rellenas de pimiento (escurridas y partidas por la mitad). Condimentar con sal, pimienta, orégano y unas gotas de aceite de oliva. Espolvorear 150 g de queso Emmental partido en bastoncillos gruesos y gratinar hasta que el queso se funda y tome color.

La tostada de champiñones a la florentina es muy apropiada como tentempié o como plato ligero.

Lugar de reunión: un fuego en el campo

Por muchos años que se tengan, nadie olvida fácilmente los excitantes (y casi siempre prohibidos) fuegos de campamento de la niñez y la juventud, del mismo modo que pocas personas logran resistirse al romanticismo que proporciona el fuego en el campo. Quizá esta sea la razón del éxito de las barbacoas campestres, en las que, por otra parte, queda excluida toda ceremonia y demás complicaciones. Nadie está obligado a presentarse con traje oscuro o smoking, no hay que estar sentado a la mesa durante horas y —cuando no se va a hacer demasiado tarde— se puede incluso llevar a los niños. Antes incluso de que el anfitrión se dé cuenta, se habrán juntado unas 15 personas. No hay que tener miedo, servir a muchos invitados no es difícil ni siquiera para los principiantes. Si se dispone de un grill grande y sillas suficientes, ya se tiene solucionado el primer problema. A continuación hay que pensar qué es lo que se va a asar. Muchas personas prefieren una pieza grande, pero como ésta tarda bastante tiempo en hacerse, conviene entretener el tiempo de espera con asados pequeños que no sacien el apetito. Para ello son apropiados los pinchitos, las chuletas pequeñas, filetes o incluso pescado, que pueden hacerse bien junto al asado grande o bien en un pequeño grill aparte. Entre estas entradas, las salchichas ocupan un puesto especial (véase la página 129). Las ensaladas, salsas y demás acompañamientos dependerán de lo que se ase, lo mismo que las bebidas. Para grupos grandes merece la pena encargar un barril de cerveza (los hay de tamaño adecuado para este tipo de fiestas), sin olvidar el vino o los ponches ligeros. Hay que pensar también en los conductores de vehículos y abstemios y tener preparados zumos variados, agua mineral y refrescos de cola.

Nuestro consejo: Si se va a hacer un asado grande al espetón, conviene utilizar el termómetro para carne. De este modo, la carne resultará muy jugosa.

Cochinillo relleno

Ingredientes para 10 personas aproximadamente: 1 cochinillo de unos 8 kg; sal; pimienta negra recién molida; mejorana y tomillo secos; 500 g de cebolla; 2 manzanas; 80 g de mantequilla; 500 g de foiegras; 250 g de salchichas; 2 kg de patatas cocidas con piel y peladas una vez frías; 1/4 l de aceite; 0,3 l de cerveza.

1 920 calorías por persona aproximadamente.

- Encargar el cochinillo 1-2 semanas antes.
- Probar si el grill es suficientemente grande.
- Para más seguridad, utilizar el termómetro especial para carne.
- Pensar en el momento de trinchar: se necesita una tabla grande con una ranura que recoja el jugo, un cuchillo afilado y un hacha pequeña.

Así se prepara: Lavar y secar el cochinillo por dentro y por fuera. Frotarlo a fondo por dentro con una mezcla de sal, pimienta y hierbas.
- Pelar las cebollas y manzanas y cortarlas en dados gruesos. • Calentar la mantequilla y rehogar la cebolla hasta que se ponga transparente, añadir entonces las manzanas y sofreír junto con la cebolla brevemente. Sacar de la grasa y dejar enfriar un poco. • Partir el foiegras en dados y tostarlo brevemente en el aceite de la cebolla. Quitar la piel de las salchichas, partirlas en dados. Partir en dados las patatas. Mezclar estos ingredientes junto con

Lugar de reunión: un fuego en el campo

las manzanas y cebollas y rellenar el cochinillo. Coser éste cuidadosamente para cerrarlo. Atar las patas delanteras junto a la cabeza y las traseras bien hacia atrás. Pinchar el espetón giratorio junto a la columna vertebral y apretar bien las pinzas en las quijadas y perniles traseros, con el fin de que el asado pueda girar uniformemente. Envolver las orejas y el rabo con papel de aluminio para que no se quemen.

- Untar todo el cochinillo con aceite y asarlo durante 4-5 horas. Untarlo a menudo con aceite con ayuda de una brocha. Durante los últimos 30 minutos, sustituir el aceite por cerveza, ya que proporciona a la corteza un aroma especial.
- Para trincharlo, sacar el cochinillo del espetón con guantes especiales para el grill y colocarlo en la tabla. Separar en primer lugar las patas y desprender a continuación la carne haciendo un corte alargado a lo largo de la columna vertebral. ¡Los huesos de las costillas se apuran con los dedos! (ver también páginas 122 y ss.)

Parrillada mixta

Ingredientes para 4 personas: 2 riñones de cerdo; 1/2 solomillo de ternera; 1 solomillo de cerdo; 600 g de solomillo de vaca; 3 dientes de ajo; 1 chalota o cebolla pequeña; perejil y cebollino; 1/4 de cuharadita de orégano, tomillo, romero, mejorana y pimentón dulce; pimienta blanca recién molida; 1 chorro de salsa de soja y otro de salsa Worcester; 6 cucharadas de aceite; 2 tomates; 1 calabacín mediano; 1 manojo de cebolletas; 1 pimiento verde; sal.
775 calorías por persona aproximadamente.

- Dejar los riñones en remojo 1 hora mínimo.
- Toda la carne (incluidos los riñones) necesita 3 horas de adobo.

Así se prepara: Cortar a lo largo los riñones, limpiarlos de venas, tendones, pellejos y restos de grasa y ponerlos en remojo. Cambiar el agua

En la parrillada mixta siempre existe algo para todos los gustos.

Lugar de reunión: un fuego en el campo

tres o cuatro veces. • Cortar todos los solomillos en rodajas de 1 1/2 cm de grueso.
• Secar los riñones, volver a partirlos por la mitad a lo largo. Pelar y machacar el ajo, pelar la cebolla y picarla finamente, lo mismo que el perejil y el cebollino. Añadir todo esto junto con las hierbas secas, el pimentón, pimienta, salsa de soja y de Worcester al aceite y poner en este adobo los trozos de carne. • Partir los tomates por la mitad y cortar el calabacín en rodajas. Quitar lo verde de las cebollas nuevas, partir el pimiento en cuatro y quitar las semillas. • Sacar la carne del adobo y meter en él las hortalizas. • Secar muy bien todos los trozos de carne y colocarlos sobre el grill caliente. Repartir por encima las hortalizas bien escurridas y asar todo 8-10 minutos, según el tamaño. Untar a menudo con el adobo.
• Salpimentar. Aderezar la carne con las hortalizas.

Combina bien con: ensalada verde y pan campesino. También con salsa de tomate, alioli (receta página 108), mostaza especiada (receta página 111), rábano picante rallado y salsas especiales para el grill que se venden preparadas.

Pinchitos mixtos

*Ingredientes para 4 personas: 200 g de solomillo de cerdo; 200 g de solomillo de vaca; 4 salchichas; 1 riñón de ternera; 4 lonchas de bacon; 2 cebollas; 4 tomates; 2 pimientos verdes; 3 cucharadas de aceite de oliva y 1 de pimentón dulce; pimienta negra recién molida; sal.
535 calorías por persona aproximadamente.*

Así se prepara: Cortar los solomillos en dados de unos 2 cm o en rodajas de 1 cm largo de grosor. Escaldar las salchichas y secarlas con papel absorbente. Partir por la mitad a lo largo el riñón y limpiarlo de tendones, venas, grasa y

Distintos tipos de carne y de hortalizas proporcionan su encanto especial a los pinchitos mixtos.

Lugar de reunión: un fuego en el campo

restos de pellejos. Cortarlo a continuación en rodajas de unos 2 cm de grueso. Enrollar las lonchas de tocino. Pelar las cebollas y partirlas en cuatro. Lavar los tomates y partirlos igualmente en cuatro, quitando los rabos. Partir por la mitad el pimiento, lavarlo y cortarlo en trozos medianos. Alternar todos estos ingredientes en cuatro pinchitos. Mezclar el aceite de oliva con pimentón y pimienta y untar los pinchitos. • Asar unos 3 minutos por cada lado en el grill bien caliente. • Salar y servir lo antes posible.

Aguja de cerdo al espetón

Ingredientes para 6-8 personas: 1,5-2 kg de aguja de cerdo deshuesada; 2-3 dientes de ajo; 1 cucharada de pimentón dulce; 1 cucharadita de pimentón picante; 1 rama de levístico; 1 cebolla; sal; pimienta negra recién molida; 4 cucharadas de aceite.
960 ó 720 calorías por persona aproximadamente.

Así se prepara: Limpiar la aguja de cerdo con un paño húmedo, no lavarlo (en todo caso, hacer varias incisiones en forma de rombo en la corteza con un cuchillo afilado). Pelar los dientes de ajo y cortarlos en bastoncillos finos. Pinchar la carne con ellos todo alrededor.
• Mezclar las dos clases de pimentón. Pelar la cebolla y picarla lo más finamente posible. Mezclarla con el pimentón en polvo, sal y pimienta. Untar la carne con la mayor cantidad posible de esta mezcla. Pinchar el asado en un espetón giratorio y sujetarlo bien con las pinzas para que gire uniformemente. • Untar con aceite y asar 2-2 1/2 horas. Añadir el resto de la mezcla de condimentos anterior con el aceite restante y untar a menudo la carne con ello mientras se va asando. • Quitar la carne del espetón y dejarla reposar 15 minutos envuelta en papel de aluminio. No trinchar hasta finalizar el tiempo de reposo.

Cerdo adobado al espetón

Ingredientes para 6-8 personas: 1,5-2 kg de cerdo para asar (pernil, riñonada o contra magra); 1/8 l de vinagre aromático; 1/4 l de vino blanco; el zumo y la corteza rallada de una naranja; 2 cucharadas de mostaza; 8 cucharadas de aceite; pimienta negra recién molida; 1 pellizco de azúcar; perejil; 1 rama de estragón y otra de melisa; 2 bayas de enebro; 1 hoja de laurel; sal.

945 ó 710 calorías por persona aproximadamente.

• Cuanto más tiempo se adobe la carne, más intenso será el sabor del asado. Dejarla macerar 12 horas como mínimo, mejor 24 horas.

Así se prepara: Pasar un paño húmedo por la carne y secarla bien. • Para el adobo, mezclar bien el vinagre aromático con el vino, el zumo y la corteza de naranja y la mostaza. Añadir poco a poco 5 cucharadas de aceite y condimentar con pimienta y el pellizco de azúcar. Lavar, secar y picar las hierbas. Añadirlas al adobo junto con las bayas de enebro machacadas y la hoja de laurel partida. Poner la carne a macerar dándole varias veces la vuelta. • Sacar la carne, secarla bien, untarla con el aceite restante y sujetarla en un espetón giratorio. • Asar 2-2 1/2 horas, untando varias veces con el aceite restante durante la primera hora. Pasar el adobo por un tamiz, salarlo y aplicarlo con una brocha por el asado pasada la primera hora. • Dejar reposar la carne unos 15 minutos antes de trincharla.

Combina bien con: ensalada de rábanos con espinacas (receta página 100) y pan con ajo (receta página 105) o ensalada de patata enriquecida (receta página 56).

◁ La aguja de cerdo se mecha con ajo antes de asarla.

Lugar de reunión: un fuego en el campo

Chuletas de ternera con salsa de mostaza

Ingredientes para 4 personas: 4 chuletas de ternera de 150 g cada una; 3 cucharadas de mostaza; 1 cucharadita de zumo de limón; pimienta blanca recién molida; 5 cucharadas de aceite; 1 cebolla; 20 g de mantequilla; 1 chorro de vino blanco; 6 cucharadas de nata líquida; sal; 1/2 ramito de cebollino.
395 calorías por persona aproximadamente.

Así se prepara: Secar las chuletas con un paño. Mezclar 1 cucharada de mostaza con el zumo de limón, pimienta y 3 cucharadas de aceite y untar las chuletas con ello. • Pelar la cebolla, picarla finamente y sofreírla en la mantequilla caliente hasta que se ponga transparente (en una cacerola de aluminio). Mezclar con el resto de la mostaza y dar un hervor con el vino blanco. Añadir la nata, salpimentar y reservar la cacerola al calor al borde del grill. • Volver a untar las chuletas con aceite por ambos lados y ponerlas sobre la parrilla, igualmente untada ligeramente con aceite. Asar 6-8 minutos por cada lado (según el grosor), colocarlas en platos calientes y salar. • Picar finamente el cebollino y añadirlo a la salsa de mostaza. Poner la salsa alrededor de las chuletas y servir inmediatamente.

Pinchitos de lomo

Ingredientes para 4 personas: 600 g de solomillo de cerdo; 8 chalotas o cebollas muy pequeñas; 200 g de champiñones frescos grandes; el zumo de 1 limón; 100 g de bacon; 3 cucharadas de aceite de oliva; pimienta; sal; 1/2 ramito de estragón.
495 calorías por persona aproximadamente.

Así se prepara: Secar el solomillo con papel absorbente y cortarlo en dados de unos 2 cm. • Pelar las chalotas o cebollas; limpiar, lavar y secar los champiñones y rociarlos inmediatamente con zumo de limón para que no se pongan negros. Cortar el bacon en trocitos pequeños y colocarlo en 4 pinchitos alternando con todos los demás ingredientes. Condimentar el aceite con pimienta y untar los pinchitos todo alrededor. • Asar los pinchitos 6-8 minutos sobre el grill bien caliente, dándoles la vuelta y untándoles con aceite de vez en cuando. • No salar los pinchitos hasta que vayan a servirse. Espolvorearlos con estragón picado.

Combina bien con: ensalada de rábanos con espinacas (receta página 100) y patatas con queso y nata (receta página 106), o ensalada Niza (receta página 100).

Truchas con salvia

Ingredientes para 4 personas: 4 truchas de ración; sal; pimienta blanca recién molida; 6-10 hojas de salvia (según tamaño); 2 cucharadas de anís; 1/4 de limón; 60 g de mantequilla.
415 calorías por persona aproximadamente.

Así se prepara: Lavar las truchas por dentro y por fuera, secarlas y salpimentar. • Lavar las hojas de salvia, secarlas y cortarlas en tiras, meterlas en las truchas y rociar con un poco de anís. Pelar cuidadosamente el limón y cortarlo en trocitos. Poner unos trocitos de mantequilla y el limón dentro del pescado y cerrar las truchas. • Engrasar ligeramente cuatro trozos grandes de papel de aluminio y poner una trucha en cada uno, repartir por encima el resto de la mantequilla en trocitos y el resto del anís. Doblar el papel de aluminio. • Poner los paquetes sobre la parrilla caliente y asar unos 30 minutos. • Servir lo antes posible.

Lugar de reunión: un fuego en el campo

Pato adobado

Ingredientes para 6 personas: 1 pato cebado de 2 kg; 1 ramito de perejil; 1 cucharadita de pimentón dulce; 1 pellizco de jengibre, canela, nuez moscada y sal de cebolla; pimienta negra recién molida; 2 cucharadas de azúcar; 3 cucharadas de vino tinto seco; 1 chorro de salsa de soja; 5 cucharadas de aceite; 2 cucharadas de sal; 500 g de uvas.
985 calorías por persona aproximadamente.

• El pato debe permanecer en el adobo semilíquido 24 horas como mínimo; si es más tiempo, mejor. De este modo absorbe todas las sustancias aromáticas y se convierte en un placer para gourmets.

Así se prepara: Lavar y secar el pato por dentro y por fuera. • Picar finamente el perejil. Mezclar todos los condimentos con el azúcar, el perejil, el vino tinto y la salsa de soja y formar una pasta junto con 3 cucharadas de aceite. Untar el pato por dentro y por fuera con esta pasta, envolverlo fuertemente en papel de aluminio y dejarlo adobar en un sitio fresco.

• Volver a secar el pato por dentro y por fuera, untarlo con el aceite restante y asar unos 70 minutos en un espetón giratorio (los animales más viejos deben asarse más tiempo). Extender de vez en cuando el resto del adobo con una brocha. 15 minutos antes de finalizar el tiempo de asado, diluir la sal en un poco de agua caliente y untar el pato varias veces para que se ponga crujiente. • Lavar las uvas. • Trinchar el pato y servir inmediatamente adornado con las uvas.

Combina bien con: ensalada de col fermentada con uvas y manzanas, pan blanco o ensalada de arroz oriental (receta página 102). Como bebida se recomienda un vino tinto o rosado.

El pato adobado requiere un día entero para impregnarse correctamente del aroma.

Lugar de reunión: un fuego en el campo

Filetes de solomillo en adobo

Ingredientes para 4 personas: 4 filetes de solomillo de 150 g cada uno; 3 cucharadas de vinagre de vino tinto; 6 cucharadas de catchup; 4 cucharadas de aceite; 1 cebolla; 2 dientes de ajo; 2 cucharaditas de mostaza picante; pimienta negra recién molida; 1 pellizco de azúcar; 2-3 ramitas de tomillo y de romero; 1 chorro de salsa de Tabasco; perejil; 1 huevo duro; sal.
320 calorías por persona aproximadamente.

• La carne debe macerarse en el adobo 2-3 horas como mínimo, pero también se puede dejar tapada en el frigorífico durante toda la noche.

Así se prepara: Pasar un paño húmedo por los filetes de solomillo, no lavarlos. • Mezclar el vinagre de vino tinto con el catchup y el aceite. Pelar la cebolla y el ajo, rallar la cebolla y machacar el ajo. Añadir ambos al adobo junto con la mostaza, abundante pimienta y el azúcar. Lavar y picar las hierbas y agregarlas al líquido del adobo. Condimentar con salsa de Tabasco hasta que quede picante. Dejar macerar la carne en el adobo en sitio fresco. • Sacar los filetes de solomillo, secarlos y ponerlos sobre el grill bien caliente. Asar 3-5 minutos por cada lado, según el calor del grill y el grado de cocción deseado.
• Entre tanto, lavar y secar el perejil y pelar el huevo duro. Picar ambos finamente. Rectificar de condimentos el adobo, añadir el perejil y espolvorear el huevo duro picado. • Retirar la carne del grill, salpimentarla por ambos lados y servir inmediatamente cubierta con la salsa.

Combina bien con: una gran ensalada mixta, tomates al grill (ver página 131) y mantequilla a las hierbas (receta página 109) con pan campesino.

Chuletones Porterhouse

Ingredientes para 4-6 personas: 2 chuletones de lomo de 800-1 000 g cada uno; 1/4 l de aceite; 2-3 dientes de ajo; 3 cucharadas de pimentón dulce; pimienta negra recién molida; 2 guindillas pequeñas; 1 cucharadita de romero y otra de tomillo secos; sal.
745 calorías por persona aproximadamente.

• Estos chuletones deben encargarse siempre con 1-2 semanas de anterioridad, ya que no los tienen todos los carniceros. Véase también la página 121.
• Dejar macerar la carne 2-3 horas en el aceite condimentado, ya que aumenta la delicadeza y mejora el aroma.

Así se prepara: Limpiar los chuletones con un paño húmedo para eliminar por completo posibles restos de hueso. • Poner el aceite en un recipiente grande. Pelar los dientes de ajo y machacarlos o picarlos muy finamente. Añadirlos al aceite junto con el pimentón, pimienta abundante, las guindillas y las hierbas secas y mezclar bien. Introducir la carne y dejarla macerar. Darle la vuelta varias veces para que el aroma pueda penetrar por igual. • Sacar los chuletones, escurrirlos bien o secarlos un poco y ponerlos sobre el grill bien caliente.
• Con calor intenso, dejar que se forme una costra por ambos lados; a continuación, asar otros 15-20 minutos a mayor distancia de las brasas. Untar de vez en cuando con el aceite condimentado o con el «condimentador para el grill» (ver página 118). • Una vez finalizado el tiempo de asado, retirar los chuletones de la parrilla y dejarlos reposar unos 15 minutos junto a las brasas. No trinchar ni salar hasta pasado este tiempo.

Un buen acompañamiento: Mazorcas de maíz y tomates asados (receta página 130-131), pan francés de barra y cualquier ensalada mixta.

Un steak Porterhouse contiene mucha carne jugosa para dos o tres personas.

También los niños pueden asar al grill

En esto todos los niños son iguales: el fuego (del grill) les atrae como algo mágico, y poder asar ellos solos es su meta más alta. ¿Por qué no darles ese capricho y dejarles asar, o mejor aún, asar al grill con ellos? No pretendemos con ello fomentar la imprudencia ni tampoco somos de la opinión de que hay que exponer a los niños al peligro para enseñarles a solucionar los problemas. Ya han ocurrido demasiados accidentes terribles. Pero, afortunadamente, también hemos podido observar que los niños manejan el grill con más precaución y prudencia que algunos adultos. En cualquier caso, la primera condición es que los niños no estén nunca solos, sino acompañados de alguna persona mayor. Evidentemente, los niños muy pequeños no deben ni acercarse al grill. No es posible indicar una edad que valga para todos, aunque opinamos que un niño que no va todavía al colegio es incapaz de preveer los posibles peligros. Algunos padres se sienten orgullosos de que sus hijos sepan hacer las cosas antes que los demás niños, pero no conviene exigirles demasiado, sobre todo en lo que respecta al manejo del grill. Hay que enseñar al niño cada paso del proceso y explicarle exactamente lo que ocurre en cada momento. En ningún caso se le deben ocultar los peligros. A menudo, basta con verter una gotas de alcohol en las brasas para que el niño comprenda el riesgo inherente a la llamarada que se produce. A partir de cierta edad, las cifras impresionan mucho a los niños; si se les dice que las brasas alcanzan temperaturas de unos 600 °C, les tendrán cierto respeto. Asimismo quedan muy impresionados si se deja caer un trocito de carne a las brasas y observan con qué rapidez se carboniza.

Hay que precaver y advertir a los niños, pero tampoco atemorizarlos, ya que el miedo produce inseguridad. Conviene que los niños observen primero cómo asan los mayores (correctamente y con precaución) y que éstos tomen en serio sus preguntas «técnicas». El siguiente paso consiste en ayudar, por ejemplo, a acercar algunos ingredientes. Sólo después se les puede permitir que asen al grill alguna pieza pequeña, pero sin dejarles nunca solos. Aún cuando el niño quiera hacerlo todo por sí solo, necesita alguien cerca que lo proteja.

Como medida de seguridad adicional deben utilizarse, por ejemplo, pinchitos extralargos con mango aislante. Igualmente importante es la altura adecuada del grill (es decir, los niños deben ser suficientemente altos). Los guantes especiales varias tallas demasiado grandes constituyen más un peligro que una protección. Una advertencia más; la ropa a base de fibras artificiales es lo más inapropiado para el grill. Las chispas que saltan, e incluso la proximidad de las brasas, pueden derretir las fibras y producir quemaduras terribles.

Sin embargo, si se tienen en cuenta todas estas medidas de precaución, se puede organizar tranquilamente una fiesta muy divertida para los niños. Invitar siempre a los padres con ellos. Si los niños van a actuar de cocineros, reducir el número de invitados para evitar aglomeraciones peligrosas. Adjudicar a los niños más mayores el papel de ayudantes de los más pequeños. Seleccionar platos con tiempos de asado breves, ya que los niños son impacientes. Conviene pensar también en juegos sencillos para la espera, ya que el fuego del grill no fascina a los niños durante horas enteras. Y, naturalmente, no deben faltar las golosinas. Los helados, dulces y ponches para niños (zumo de frutas con frutas troceadas y agua mineral) son siempre bienvenidos, aunque no son muy digestivos. Para que no se forme un revoltijo en los pequeños estómagos, habrá que tener preparados pan, panecillos, galletas

También los niños pueden asar al grill

o galletitas saladas. Si el niño asa al grill como un adulto, querrá comer también como un adulto. Se les puede impresionar con platos-sorpresa, como, por ejemplo, esconder una ciruela o un trocito de plátano en un filete enrollado (a ser posible algo distinto en cada uno).

Marshmallows (troncos) al espetón

A los niños les gustan mucho estos troncos, pero no deberían asarlos al grill sin vigilancia, ya que la masa de azúcar fundida se calienta mucho. Vigilar que no empiecen a chupetearlos hasta que no se hayan enfriado un poco.

Ingredientes para 4 personas: 1 bolsa de marshmallows (troncos) (200 g); pinchitos de madera extralargos.
400 calorías por persona aproximadamente.

Así se prepara: Pinchar 1-3 troncos y girarlos sobre las brasas no demasiado intensas (a la distancia necesaria, por favor) hasta que empiece a derretirse la masa de azúcar. Retirar del fuego y dejar enfriar un poco antes de consumir.

Plátanos en papillote

Ingredientes para 4 personas: 4 plátanos; el zumo de 1 limón; 60 g de mantequilla; 2 cucharadas de chocolate rallado.
275 calorías por persona aproximadamente.

Así se prepara: Pelar los plátanos y regarlos inmediatamente con zumo de limón. Engrasar cuatro trozos de papel de aluminio, colocar en ellos los plátanos y repartir por encima el resto de la mantequilla. Doblar el papel de aluminio.
• Asar los plátanos sobre el grill 10-20 minutos (según el tamaño). • Abrir los paquetes y servir los plátanos espolvoreados con el chocolate.

Pinchitos pirata

Ingredientes para 4 personas: 500 g de carne de cerdo (pernil o aguja); 100 g de tocino ahumado; 2 cebollas; 1 manzana grande; el zumo de 1/2 limón; 1/8 l de aceite; pimienta negra recién molida; sal de ajo; 1 cucharadita de romero seco; sal.
685 calorías por persona aproximadamente.

• Poner todos los ingredientes en el aceite condimentado durante 2 horas. Cada niño se prepara su pinchito.

Así se prepara: Cortar la carne y el tocino en dados de 2 1/2 cm. Pelar las cebollas y la manzana y cortarlas en rodajas no demasiado finas, quitando las semillas de la manzana.
• Mezclar el zumo de limón con el aceite y los condimentos y meter en esta mezcla los ingredientes de los pinchitos. • Cada niño se hace su pinchito (asarlos de 10 a 15 minutos) dándoles la vuelta con frecuencia. • No salar hasta el final.

Pinchitos de salchicha en estrella

Ingredientes para 4 personas: 4 salchichas grandes; 4 cucharadas de aceite; 4 cucharadas de catchup.
355 calorías por persona aproximadamente.

Así se prepara: Cortar cada salchicha en 3 trozos y dar forma de estrella a los extremos con un cuchillo. Sumergir en agua **hirviendo** hasta que los extremos cortados se abran hacia fuera. • Poner 3 estrellas de salchicha en cada pinchito, untar con aceite y asar sobre el grill caliente unos 10 minutos hasta que estén crujientes. Hay que dar la vuelta con frecuencia.
• Repartir en cuatro platos y poner un chorrito de catchup en el centro de cada «estrella».

Cualquier niño puede preparar los pinchitos pirata. ▷

También los niños pueden asar al grill

Salchichas a la pimienta con manzana

Esta receta fue «creada» en una fiesta infantil: un trocito de salchicha fue a parar al zumo de manzana, alguien lo asó a pesar de ello y luego hubo que repartirlo entre 6 niños. El éxito fue tal, que todas las salchichas se sumergieron inmediatamente en zumo de manzana y éste se convirtió en un adobo «picante».

Ingredientes para 4 personas: 4 salchichas medianas u 8 pequeñas; 1/8 l de zumo de manzana; 1-2 cucharadas de catchup o de salsa de curry (ya preparada); 2-4 cucharadas de aceite; pimienta negra molida gruesa.
590 calorías por persona aproximadamente.

• Dejar macerar las salchichas en el zumo de manzana condimentado 30-50 minutos (según el tamaño).

Así se prepara: Pinchar las salchichas todo alrededor con un tenedor para que no revienten. Mezclar el zumo de manzana con catchup o salsa de curry y dejar macerar dentro las salchichas. • A continuación, secar bien, untar con aceite y poner sobre el grill caliente.
• Asar dando vueltas hasta que las salchichas estén doradas y crujientes por todas partes.
• Como decoración, espolvorear con un poco de pimienta molida gruesa.

Combina bien con: ensalada de pasta picante (receta página 56) o pan; como bebida limonada o zumo de manzana.

Nuestro consejo: Comprar salchichas pequeñas solamente cuando el enrejado del grill sea pequeño, ya que, de lo contrario, las salchichas se escapan fácilmente por entre las varillas.

Las salchichas a la pimienta con manzana gustan a todos los niños.

También los niños pueden asar al grill

Pollo con capa plateada

Ingredientes para 4 personas: 1 pollo de 1-1,2 kg; 3 cucharadas de zumo de limón; 2 cucharadas de zumo de piña o de naranja; sal; pimienta blanca recién molida; 1 pellizco de azúcar y otro de pimentón dulce; 4 cucharadas de aceite; 1 ramito de perejil.
365 calorías por persona aproximadamente.

• Los niños no deberían abrir los paquetes de papel de aluminio solos, ya que de la abertura sale vapor muy caliente.

Así se prepara: Lavar y secar el pollo por dentro y por fuera. Partirlo en cuartos y colocar cada trozo en un cuadrado grande de papel de aluminio. • Mezclar el zumo de limón con el de piña o naranja, sal, pimienta, el azúcar y el pimentón y añadir el aceite gota a gota. Untar bien los trozos de pollo con esta mezcla. Lavar el perejil, picarlo y espolvorearlo sobre los trozos de pollo. Cerrar cuidadosamente el papel de aluminio dejando un poco de aire en el interior. • Poner los paquetes sobre la parrilla caliente y asar unos 30 minutos, dando la vuelta varias veces. • Retirar todos los paquetes y abrirlos junto al grill. • Sacar los trozos de pollo, untarlos con la mezcla de aceite que haya sobrado y asarlos directamente sobre las brasas, sin papel de aluminio, 10-15 minutos más, hasta que estén bien tostados.

Variante: Pollo asado a la jardinera
Descongelar 300 g de macedonia de verdura congelada, repartirla sobre los trozos de papel de aluminio y colocar encima el pollo condimentado cubierto con unos trocitos de mantequilla. Asar como se ha indicado anteriormente, sólo que 5-10 minutos más.

El pollo con capa plateada resulta particularmente jugoso.

También los niños pueden asar al grill

Varitas de merluza en pinchito

Ingredientes para 4 personas: 1 paquete de varitas de merluza congeladas; 6-8 cucharadas de aceite; 1 limón; 4 cucharadas de mayonesa.
420 calorías por persona aproximadamente.

- Descongelar las varitas de merluza antes de asarlas, ya que así se pinchan más fácilmente.

Así se prepara: Pinchar las varitas de merluza a lo largo en cuatro pinchos grandes, nunca a lo ancho, ya que se pueden romper. Untar abundantemente con aceite y colocar sobre el grill, igualmente untado con aceite. • Asar 5-10 minutos, según la distancia del grill, untando a menudo con aceite. • Servir adornado con trozos de limón y mayonesa.

Pollo relleno de frutas

Lo mejor es que algún adulto rellene y sujete el pollo en el espetón, reservando para los niños el trabajo principal: asarlo.

Ingredientes para 4 personas: 1 pollo de 1 kg; sal; pimienta blanca recién molida; pimentón dulce; 1 rebanada de pan de molde sin corteza; 1 manzana pequeña; 1 plátano; 1 melocotón pequeño; 2 cucharadas de pasas; el zumo y la corteza rallada de 1/2 limón; 6 cucharadas de aceite.
510 calorías por persona aproximadamente.

Así se prepara: Lavar el pollo por dentro y por fuera y secarlo bien. Untarlo por dentro y por fuera con sal, pimienta y pimentón. • Ablandar el pan de molde en un poco de agua y exprimirlo. Pelar la manzana, el plátano y el melocotón y partir toda la fruta en dados. Lavar y secar las pasas. Mezclar todos los ingredientes, añadir el zumo y la corteza de limón. Condimentar el relleno y meterlo en el pollo. Cerrar o coser la abertura. • Sujetar el pollo en un espetón giratorio y untarlo con aceite. Asar 1 hora aproximadamente dando vueltas y untando a menudo con aceite. • Partir en cuatro trozos, adornar y servir.

Costillas de cerdo estilo indio

Las costillas de cerdo pueden ser asadas fácilmente por los niños, ya que lo único que hay que hacer es darles la vuelta sobre la parrilla y untarlas con agua salada. No debería permitirse a los niños untar la carne con salsas acarameladas, ya que alcanzan temperaturas muy elevadas y podrían producir quemaduras.

Ingredientes para 4 personas: 1-1,2 kg de costillas de cerdo carnosas; el zumo de 1 limón; pimienta negra recién molida; 1 chorro de salsa Worcester; 2-3 gotas de salsa de Tabasco; 5 cucharadas de aceite; 1 cucharada de sal; 1/8 l de agua templada.
780 calorías por persona aproximadamente.

- Comprar las costillas con huesos, ya que éstos pueden utilizarse como «mango» para comerlas.
- Adobar las costillas 1 hora.

Así se prepara: Limpiar las costillas con un paño húmedo, secándolas a continuación.
• Mezclar el zumo de limón con las salsas, la pimienta y el aceite y untar abundantemente las costillas. Dejarlas adobar envueltas en papel de aluminio. • Secar las costillas y asarlas 20-25 minutos sobre el grill caliente, dándoles la vuelta de vez en cuando. Disolver la sal en el agua y untar las costillas con esta mezcla durante los últimos 5-8 minutos. • Retirar las costillas del grill y dejarlas enfriar un poco antes de servir.

◁ A los niños les gusta el pollo, y, especialmente, éste relleno de frutas.

Cada invitado aporta una cosa

Las fiestas a las que cada invitado contribuye con algo son particularmente divertidas y espontáneas. Esta costumbre tiene gran aceptación, y no sólo entre los jóvenes, ya que ofrece una serie de ventajas: no se carga todo el trabajo sobre el anfitrión, y la variedad de sabores es mayor, ya que cada uno aporta sus propias ideas. Para evitar contratiempos, es preferible convenir de antemano con todos los invitados qué es lo que desea traer cada uno. Procurar que las ensaladas y acompañamientos sirvan para distintos tipos de carne. En el capítulo siguiente se sugieren una serie de «recetas para llevar» que requieren tiempos de preparación algo prolongados. Estos platos se pueden preparar tranquilamente en casa y después empaquetarlos bien. ¡Atención! Las salsas, adobos y ensaladas se quitan muy mal de las tapicerías de los coches. Para transportarlos se recomienda utilizar recipientes de vidrio con cierre a rosca, los moldes para congelar, las bolsas de plástico, y las botellas. No hay que asombrarse de que este capítulo empiece con recetas de ensalada. Estas ensaladas están pensadas como acompañamiento para los platos asados al grill, y algunos de sus ingredientes deben cocerse con anterioridad, cosa bastante difícil de hacer al aire libre durante una fiesta.

Ensalada de patata enriquecida

Ingredientes para 6 personas: 750 g de patatas; sal; 2 pimientos rojos; 2 cebollas; 200 g de aceitunas negras; 1 lata pequeña de corazones de alcachofas; 200 g de gambas ya cocidas y peladas; 1 ramillete de hierbas variadas; el zumo de 1 limón; pimienta negra recién molida; 1 yogur; 8 cucharadas de aceite; 1/8 l de nata líquida; 1-2 cucharadas de mostaza; 1 pellizco de azúcar; 1 cucharadita de curry.
515 calorías por persona aproximadamente.

Así se prepara: Lavar a fondo las patatas y cocerlas en agua salada. Ponerlas bajo el chorro de agua fría, pelarlas y, una vez frías, cortarlas en rodajas o dados. Lavar y quitar las semillas de los pimientos, pelar las cebollas y cortar ambos en dados pequeños. Escurrir las aceitunas y los corazones de alcachofas, partiendo éstos por la mitad o en cuatro trozos. Lavar, secar y picar finamente las hierbas. Preparar las gambas. Mezclar todos los ingredientes en una fuente grande. • Batir el zumo de limón con sal, pimienta y aceite, agregar a la ensalada y reservarla. • Mezclar el yogur con la nata y la mostaza y condimentar con sal, pimienta, el azúcar y el curry. Añadir esta mezcla a la ensalada. • Transportar la ensalada de patata en una nevera portátil.

Variante: Sustituir las gambas por carne de ternera cocida o salchichas y huevos duros.

Ensalada de pasta picante

Ingredientes para 6 personas: 500 g de cintas; sal; 6 huevos; 2 cebollas; 2 tomates carnosos; 1 pimiento rojo y otro verde; un ramito de perejil y otro de albahaca; 6-8 filetes de anchoa; 2-3 dientes de ajo; 2 cucharadas de mayonesa; 1 yogur; 4-5 cucharadas de vinagre; pimienta negra recién molida; salsa de Tabasco.
510 calorías por persona aproximadamente.

Así se prepara: Cocer la pasta en agua salada de manera que quede «al dente». Cocer los huevos. • Refrescar ambos ingredientes con agua fría. Escurrir las cintas y dejarlas enfriar, pelar los huevos y cortarlos en rodajas cuando estén fríos. Pelar las cebollas y cortarlas en aros. Pelar los tomates, quitarles las semillas y partirlos en rodajas. Lavar los pimientos y cortarlos en tiras finas o en trocitos. Picar las hierbas, escurrir los

En una auténtica barbacoa, cada invitado aporta algo.

Cada invitado aporta una cosa

filetes de anchoa. Mezclar todos los ingredientes. • Pelar los dientes de ajo y machacarlos, mezclarlos con la mayonesa, el yogur y el vinagre. Condimentar la salsa con sal, pimienta y salsa de Tabasco hasta que quede picante y agregarla a la ensalada. • Reservar en sitio fresco hasta que se vaya a consumir.

Ensalada de berenjenas

Ingredientes para 6 personas: 3 berenjenas; sal; 3 dientes de ajo; 1/8 l largo de aceite de oliva; pimienta negra recién molida; 2 cebollas grandes; 3 tomates; 60 g de aceitunas verdes y 60 g de aceitunas negras; 5-6 cucharadas de vinagre; 1 ramito de albahaca; 1/2 ramito de melisa.
285 calorías por persona aproximadamente.

Así se prepara: Lavar las berenjenas, secarlas y cortarlas en rodajas. Extender las rodajas, espolvorearlas con sal y dejarlas escurrir hasta que no suelten jugo. • Partir los dientes de ajo en láminas finas y ponerlos en una sartén con aceite abundante. Freír por tandas las rodajas de berenjena hasta que estén doradas. Sacarlas, escurrirlas y condimentar con pimienta. Mientras se enfrían, pelar las cebollas y cortarlas en aros. Lavar los tomates, quitarles los rabos y partirlos en 8 trozos. Escurrir las aceitunas. • Mezclar el aceite restante con el vinagre, la sal y la pimienta. Lavar la albahaca y la melisa, secarlas y picarlas finamente. Agregar las hierbas a la salsa. Mezclar los ingredientes de la ensalada ya preparados con las berenjenas. Agregar la salsa. • Dejar macerar la ensalada en sitio fresco hasta el momento de servir.

Variante: Agregar un poco de queso de oveja troceado a la ensalada. Esto hace que su sabor sea aún más aromático.

Pinchitos de corazón adobados

Ingredientes para 4 personas: 1 taza de guindillas; 1 kg de corazón de vaca; 1/8 l de aceite; el zumo de 2 limones; pimienta negra molida gruesa; 2 pimientos verdes; sal.
515 calorías por persona aproximadamente.

• Dejar las guindillas 30 minutos en remojo.
• A continuación, adobar los trozos de corazón 2-3 horas como mínimo.

Así se prepara: Regar las guindillas con agua hirviendo y dejarlas en remojo. • Limpiar el corazón de piel, tendones y venas y cortarlo en dados de unos 3 cm. • Colar el agua de las guindillas, mezclarla con aceite, zumo de limón y pimienta y adobar en esta mezcla los trozos de corazón. • Lavar los pimientos, cortarlos en tiras anchas y colocarlos alternando con los trozos de corazón en cuatro pinchos. • Asar los pinchitos unos 30 minutos sobre el grill de carbón vegetal bien caliente. Dar la vuelta a menudo y untar con aceite. • No salar hasta el momento de servir.

Schaschlik de cordero

Ingredientes para 4 personas: 500 g de pierna de cordero; pimienta negra recién molida; 100 g de tocino ahumado; 4 cebollas medianas; 2 cucharaditas de romero seco; 5 dientes de ajo; 8 cucharadas de aceite de oliva; sal.
640 calorías por persona aproximadamente.

Así se prepara: Secar la carne con papel absorbente y cortarla en dados de 2 cm. Moler la pimienta por encima. • Partir el tocino en dados. Pelar las cebollas y cortarlas en cuatro

◁ Cuanto más tiempo se tengan los pinchitos de corazón en el adobo, tanto más aromáticos y tiernos resultan.

Cada invitado aporta una cosa

trozos. Disponer todos los ingredientes en cuatro pinchos. Espolvorear por encima el romero seco. Pelar los dientes de ajo, machacarlos y mezclarlos con el aciete de oliva. Untar la carne con esta mezcla de aceite y ajo.
• Asar los pinchos sobre el grill caliente 10-15 minutos, dando la vuelta a menudo.
• Espolvorear con sal un poco antes de servir.

Filetes de lomo al grill

Ingredientes para 4 personas: 4 filetes de lomo de 150 g cada uno; 4 cucharadas de aceite; pimienta negra recién molida; 1 cucharada de romero seco y otra de tomillo; sal; 60 g de mantequilla a las hierbas.
565 calorías por persona aproximadamente.

Así se prepara: Secar los filetes de lomo con papel absorbente y hacer varios cortes en el borde de grasa. Frotar la carne con el aceite y pimienta abundante. • Poner los filetes sobre el grill muy caliente y asarlos 2-4 minutos por cada lado (según lo pasados que se deseen). Mientras tanto, esparcir las hierbas secas en las brasas; éstas proporcionan a la carne un aroma exquisito. • Salar la carne por ambos lados y servir con la mantequilla a las hierbas.

Cordón bleu al grill

Ingredientes para 4 personas: 8 filetes de ternera muy finos; pimienta blanca recién molida; 4 lonchas de jamón de York; 4 lonchas de queso Emmental sin corteza; 4 cucharadas de aceite; 30 g de mantequilla; 2 cucharadas de pan rallado; 1 ramito de perejil.
550 calorías por persona aproximadamente.

Así se prepara: Aplastar ligeramente los filetes con la yema de los dedos y secarlos. Condimentar con pimienta y colocar 1 loncha de jamón de York y otra de queso entre cada 2 filetes. Sujetar los filetes con palillos metálicos, no de madera, ya que se quemarían. Condimentar con pimienta por ambas caras y untar con aceite. • Asar aproximadamente 15 minutos sobre el grill bien caliente, dando la vuelta varias veces y untando a menudo con aceite. • Entre tanto, calentar la mantequilla en un recipiente de aluminio y tostar el pan rallado. Picar el perejil y agregarlo a la mantequilla. • Quitar los palillos de los filetes, cubrir con la salsa de mantequilla y servir.

Filetes con relleno de hierbas

Ingredientes para 4 personas: 4 filetes de cerdo de unos 2 cm de grueso; pimienta negra recién molida; 2 rebanadas de pan blanco sin corteza; 5 cucharadas de agua caliente; 1/8 l de nata líquida; 2 dientes de ajo; perejil y cebollino; 1 cucharada de perifollo; 1-2 cucharaditas de hojas de estragón; sal, 4 cucharadas de aceite.
455 calorías por persona aproximadamente.

Así se prepara: Hacer una incisión horizontal en los filetes. Secar la carne por dentro y por fuera con papel absorbente. Espolvorear un poco de pimienta en la hendidura y presionar ligeramente. Desmigajar el pan y regarlo con 5 cucharadas de agua caliente y la nata líquida, dejar hasta que el pan esté bien blando. Pelar y machacar los dientes de ajo, picar las hierbas y agregarlas junto con el ajo al pan. Salpimentar. Introducir esta mezcla en la hendidura de la carne y coser la abertura con bramante, o sujetarla con palillos metálicos. • Untar los

Cada invitado aporta una cosa

filetes con aceite y asarlos sobre la parrilla 5-8 minutos por cada lado. • Salar antes de servir.

Combina bien con: patatas fritas o pan francés de barra. Como bebida resulta excelente una cerveza bien fría.

Pinchitos de anguila

Ingredientes para 4 personas: 750 g de anguila fresca; 1 guindilla pequeña; el zumo de 1 limón; 6 cucharadas de vino blanco seco; sal; pimienta blanca recién molida; 1 hoja de laurel; 1 ramito de eneldo; 6 cucharadas de aceite; 12 champiñones grandes; 1/2 pepino; 100 g de tocino; 1 pimiento rojo; 1/2 cucharadita de pimentón dulce; 1 limón.
730 calorías por persona aproximadamente.

• Pedir al pescadero que le quite la tripa y la piel a la anguila, ya que éste es un trabajo muy pesado si no se tiene experiencia.
• Dejar reposar los trozos de anguila en el adobo 50-60 minutos antes de asarlos.

Así se prepara: Lavar muy bien la anguila bajo el chorro de agua fría y secarla. Cortarla a lo ancho en trozos de un tamaño adecuado para llevarse a la boca. Quitar las semillas de la guindilla y picarla. Mezclar el zumo de limón con el vino blanco, la sal, la pimienta, la guindilla, la hoja de laurel y 1 ramita de eneldo. Agregar 2 cucharadas de aceite y adobar los trozos de anguila en esta mezcla. • Mientras tanto, limpiar los champiñones y ponerlos igualmente en el adobo para que no se pongan negros. Lavar el pepino y, sin pelarlo, cortarlo en rodajas de 1 1/2 cm. Cortar el tocino en dados de 2 cm. Lavar el pimiento, quitarle las semillas y cortarlo en trozos. • Sacar los trozos de anguila del adobo, secarlos y rellenarlos con unas ramitas de eneldo. Secar igualmente los champiñones y disponer alternativamente todos los ingredientes en cuatro pinchitos metálicos. Untar aceite alrededor de los pinchitos con ayuda de una brocha y espolvorear un poco de pimentón. • Untar la parrilla del grill con aceite y asar los pinchitos 5-8 minutos, dándoles la vuelta a menudo. • Partir el limón en cuatro trozos y servirlo junto con los pinchitos.

Pinchitos de langostino y calabacín

Ingredientes para 4 personas: 24 colas de langostino, frescas o congeladas; 5 cucharadas de vino blanco; el zumo de 1/2 limón; 2 cucharadas de salsa de soja; 5 dientes de ajo; sal; pimienta negra recién molida; 4-8 hojas de laurel pequeñas; 2 calabacines tiernos; 4 cucharadas de aceite.
200 calorías por persona aproximadamente.

• Los langostinos deben adobarse 3-4 horas. Si son congelados, descongelarlos previamente.

Así se prepara: Lavar y secar los langostinos. Mezclar el vino blanco con el zumo de limón y la salsa de soja. Pelar los dientes de ajo, aplastarlos y agregarlos al adobo junto con la sal, la pimienta y las hojas de laurel. Introducir los langostinos. • Escurrir los langostinos. Cortar los calabacines en rodajas. Colocar langostinos y calabacines alternando con hojas de laurel en cuatro pinchitos. • Untar los pinchitos con aceite y asar 6-8 minutos sobre la parrilla caliente, igualmente untada con aceite. Untar más aceite de vez en cuando y dar la vuelta con frecuencia.

Nuestro consejo: Si es necesario, los calabacines pueden sustituirse por pepinos que no tengan semillas demasiado gruesas.

Cada invitado aporta una cosa

Pularda con queso a la griega

Ingredientes para 4 personas: 1 pularda de 1,2 kg; 100 g de queso de oveja; 3 cucharadas de nata ácida; 1 yema de huevo; 1 rebanada de pan de molde; 1 ramito de eneldo y otro de perejil; sal; pimienta negra recién molida; 2 cebollas; 2-3 dientes de ajo; la corteza rallada de 1/2 limón; 2 cucharadas de mantequilla blanda; 3 cucharadas de aceite.
630 calorías por persona aproximadamente.

- Para el transporte, conviene envolver en papel de aluminio la pularda rellena y untada con la pasta. De este modo, el aroma penetra desde dentro y desde fuera.

Así se prepara: Lavar la pularda por dentro y por fuera, secarla. Aplastar el queso con un tenedor y batirlo junto con la nata y la yema de huevo. Cortar el pan en daditos, lavar y picar muy finamente las hierbas. Añadir el pan y las hierbas a la mezcla de queso. Condimentar con sal y pimienta. Meter el relleno en la pularda y coser o sujetar la abertura. • Pelar las cebollas y los dientes de ajo y picar ambos muy fino, o bien rallarlos o prensarlos. Añadir la corteza de limón y la mantequilla, salpimentar y formar una pasta con la mantequilla blanda. Untar uniformemente la pularda por fuera y envolver en papel de aluminio hasta el momento de asar. Sujetar con mucho cuidado en el espetón giratorio, para que pueda girar uniformemente.
• Asar 1 hora aproximadamente dando vueltas constantemente. Untar con aceite de vez en cuando. El calor del grill no debe ser nunca demasiado intenso, ya que, de lo contrario, la carne y el relleno no se pasan por igual y los condimentos no penetran suficientemente en la carne. • Quitar la pularda del espetón y servir en cuatro platos.

El queso de oveja, cebollas, ajo y muchas hierbas dan una nota especial a la pularda con queso a la griega.

Una gran fiesta con el grill

Los expertos en el arte del grill saben muy bien cómo se planifica, se organiza y se lleva a cabo una gran fiesta con el grill como protagonista. Algunos principiantes se echan en cambio, atrás al pensar en todo el trabajo que, en teoría, hay que realizar. Sin embargo, este temor está totalmente injustificado, ya que asar al grill no es sólo una de las ocasiones más bonitas, sino también más sencillas, para reunirse agradablemente con gente simpática. Invite, pues, a sus amigos por la tarde y deje que la fiesta termine por la noche cuando se apague la última brasa. Si ha decidido preparar un gran asado, recuerde que tardará varias horas en estar a punto, que pueden entretenerse fácilmente con pinchitos, chuletas pequeñas, etc. ¿Y quién dice que una velada entorno al grill no puede empezar con café o té y pasteles? Otro punto a considerar es la eventual asistencia de niños, quienes, si tienen la edad necesaria, pueden actuar también de cocineros o, al menos, de «pinches» (Como medida de precaución, véase la página 48).

Prepare todos los ingredientes necesarios con la suficiente antelación —como en cualquier otra fiesta; sin olvidar los refrescos y bebidas sin alcohol. No es mala idea pedir ayuda a una amiga (o al marido) para los preparativos. Tenga preparados bebidas, platos y cubiertos (no importa que sean de plástico), servilletas de papel en abundancia y vasos sencillos. La cristalería heredada de la abuela quedaría aquí fuera de lugar. Si se desea escuchar música, recordar que a partir de las 22 horas empieza el descanso nocturno de los demás.

Una vez todo listo, deje que los invitados se ocupen del grill. Esto distiende el ambiente y ofrece la posibilidad de sentirse invitado en su propia casa. Sin embargo, ¡piensa en la mañana siguiente! Los cubos de basura al alcance de la mano han demostrado ser sumamente prácticos. Invitan sin palabras (pero de forma apremiante) a depositar los desperdicios en el lugar apropiado y, así, al día siguiente sólo hay que recogerlos. Las bolsas de basura grandes resultan asimismo sumamente prácticas.

Una última palabra acerca de los alimentos a asar: tanto en este como en los restantes capítulos del libro se ofrece una amplia selección de platos para todos los gustos. No obstante, en la mayoría de los casos siempre suele ser bien recibida una sopita, ya sea para empezar la fiesta o para despabilar al final de la misma. Por esta razón, la primera receta de este capítulo es una sopa, plato un tanto insólito en un libro sobre la cocina al grill. Esta sopa se prepara rápida y fácilmente e incluso puede recalentarse en el grill una vez hecha (excepto la nata, que se agrega antes de servir). De todos modos, la magia del fuego al flamear siempre resulta atractiva para los invitados.

Sopa al grill superpicante

Ingredientes para 10 personas: 2 latas grandes de tomate al natural pelado; 250 g de bacon; 1 cucharada de mantequilla; 2 cebollas; 3-4 dientes de ajo; 6 cucharadas de ginebra; sal; pimienta negra recién molida; pimienta de Cayena; 1 cucharada de pimentón dulce; 1 pellizco de curry; 1 chorro de salsa de Tabasco; 1/4 l de nata líquida; 300 g de gambas cocidas y peladas; 2 ramitos de perejil.
305 calorías por persona aproximadamente.

Así se prepara: Dejar escurrir los tomates en un colador y recoger el líquido, pasar los tomates por el pasapuré. • Cortar el bacon en daditos y dorarlo en la cazuela en que se vaya a hacer la sopa. Calentar la mantequilla en la misma cazuela. Picar finamente las cebollas y machacar los ajos. Agregar ambos ingredientes a la mantequilla y dejar que se pongan transparentes. Verter la ginebra, calentar y

Página doble siguiente: Una gran fiesta con grill es una reunión de amigos. Conviene dejarse ayudar por ellos. ▷

Una gran fiesta con el grill

prender. Flamear brevemente y apagar con el zumo de los tomates. Añadir los tomates pasados y condimentar con sal, pimienta, pimienta de Cayena, pimentón, curry y salsa de Tabasco hasta que la sopa quede picante. Añadir la nata y las gambas. • En el momento de servir, espolvorear el perejil picado.

Pinchitos de champiñón y naranja

Ingredientes para 4 personas: 200 g de champiñones grandes; el zumo de 1/2 limón; 2 naranjas; 60 g de mantequilla; 2 cucharadas de pimienta verde; 1 ramita de melisa.
160 calorías por persona aproximadamente.

Así se prepara: Lavar los champiñones y rociarlos inmediatamente con el zumo de limón para que no se pongan negros. Lavar las naranjas con agua caliente, secarlas y cortarlas en rodajas. Pincharlas alternando con los champiñones en pinchitos finos y untar con la mantequilla. • Asar unos 5 minutos sobre el grill caliente dando la vuelta varias veces. • Mientras tanto, picar finamente la pimienta verde y la melisa. • Espolvorear los pinchitos con pimienta y melisa y servir inmediatamente.

Variante: Antes de servir, regar los pinchitos con un poco de whisky o coñac.

Raclette explorador

A diferencia de la auténtica raclette, en la que se funde medio queso sobre las brasas, en la variante explorador se colocan trocitos de queso en pinchos largos y se sostienen sobre el fuego. Es una golosina deliciosa que hace olvidar el tiempo de espera. No obstante, conviene asar cantidades pequeñas, ya que la raclette sacia bastante.

Ingredientes para 4 personas: 600 g de queso para raclette o fondue; pimienta negra recién molida.
600 calorías por persona aproximadamente.

• No comer el queso directamente del pinchito, ya que quema mucho.

Así se prepara: Quitar la corteza del queso y cortarlo en dados de 2-3 cm. • Pinchar los dados en pinchitos largos y darles vuelta sobre las brasas hasta que el queso empiece a fundirse. • Colocar inmediatamente en un plato y servir espolvoreado con pimienta negra.

Combina bien con: los acompañamientos clásicos son pepinillos y cebollitas en vinagre, banderillas y patatas cocidas con piel.

Peces empalados

Ingredientes para 4 personas: 4 lavaretos (1); sal; pimienta blanca recién molida; 1 cucharadita de salvia; otra de romero y otra de mejorana secos; 4 hojas de laurel; aceite para untar.
240 calorías por persona aproximadamente.

Así se prepara: Lavar a fondo el pescado por dentro y por fuera bajo el chorro del agua fría y secarlo con papel absorbente. Salpimentar por dentro y por fuera, frotar con las hierbas y meter una hoja de laurel en el hueco de la tripa. Pasar al pescado una brocha untada en aceite y pinchar en palos de madera. • Hacer un montón de arena que sea estable, esparcir por encima carbón vegetal y dejar que se formen brasas. • Colocar los pinchos oblicuamente sobre el montón de arena (con la cabeza hacia abajo), de manera que las cabezas queden a unos 20 cm de distancia de las brasas. Asar 20-30 minutos. Durante este tiempo, untar con aceite de vez en cuando.

(1) N. del T.: El lavareto es un pez de la familia de los salmónidos que habita en los lagos alpinos. Su carne es muy apreciada. Puede sustituirse por otro pescado de agua dulce.

Una gran fiesta con el grill

Parrillada mixta de pescado

Básicamente pueden asarse todos los pescados no demasiado secos. Entre los más apropiados figuran la caballa, truchas, arenques, sardinas, anchoas, barbos, percas pequeñas, y también anguila, lenguados, etc. La selección debe hacerse siempre según el mercado, ya que el principal requisito para que el pescado desarrolle todo su aroma es que sea muy fresco.

Ingredientes para 6-8 personas: 2-3 kg de pescado variado; 2 cebollas; 2 botellas de vino blanco seco; 2-3 hojas de laurel; 2 cucharadas de pimienta verde; 1 ramito de perejil; otro de eneldo y otro de cebollino; 1 cucharada de sal; 1 pellizco de azúcar; 5 cucharadas de vinagre de vino o vinagre a las hierbas; 1/8 l largo de aceite.

805 ó 605 calorías por persona aproximadamente.

• El pescado fresco debe adobarse 1 hora, el congelado 2-3 horas. El pescado congelado puede meterse en el adobo sin descongelar.

Así se prepara: Lavar los pescados por dentro y por fuera y dejarlos que escurran bien. • Pelar las cebollas y cortarlas en aros. Verter el vino en una fuente grande y mezclarlo con las hojas de laurel, la pimienta verde y las cebollas. Lavar las hierbas, picarlas finamente y agregarlas junto con la sal y el azúcar a la mezcla del vino. Condimentar con el vinagre y añadir al adobo la mitad del aceite. Meter el pescado. • Untar con aceite la parrilla del grill bien caliente (o cestillas especiales) y asar el pescado, igualmente untado con aceite, durante 6-10 minutos por cada lado. • Servir lo más rápidamente posible.

Parrillada mixta de pescado para los aficionados a la cocina ligera.

Una gran fiesta con el grill

Pinchitos sorpresa

Disponer solamente los ingredientes para que cada invitado se prepare el pinchito a su gusto personal.

Ingredientes para 10 personas: 600 g de solomillo de cerdo; 1 diente de ajo; 1 copita de vino de Oporto (5 cl); 1/8 l de aceite; pimienta negra recién molida; 24 colas de langostino; el zumo de 3-4 limones; pimienta blanca recién molida; 1 ramito de eneldo; 3 mazorcas de maíz; 2 berenjenas pequeñas; 3 calabacines; 1 pimiento rojo y 1 verde; 200 g de champiñones pequeños; 2 cebollas; 1 manojo de cebolletas; 150 g de tocino ahumado en lonchas pequeñas; 5-10 pimientos pequeños de frasco; 4 tomates pequeños; 50 g de mantequilla; sal.
405 calorías por persona aproximadamente.

Así se prepara: Cortar el solomillo en dados. Pelar y machacar el ajo y mezclarlo con el vino de Oporto, 2 cucharadas de aceite y abundante pimienta negra. Introducir la carne en este adobo. • Lavar con agua fría las colas de langostino (las congeladas deben descongelarse primero) y secarlas. Mezclar el zumo de 2 limones con pimienta blanca y 2 cucharadas de aceite y regar con ello los langostinos. Picar y añadir el eneldo. • Lavar y escurrir las hortalizas, las cebolletas solamente se lavan y se les quita lo verde. Rociar inmediatamente las berenjenas, calabacines y champiñones con un poco de zumo de limón. Disponer todas las hortalizas en una tabla grande y, a su lado, el tocino, los pimientos de frasco escurridos, la carne y los langostinos. Servir en cuencos aparte mantequilla y aceite. • Cada persona se hace el pinchito a su gusto; para ello, untar la carne y los langostinos con aceite y las hortalizas con mantequilla y asarlos.

En los pinchitos sorpresa se demuestra la fantasía culinaria de los invitados.

Una gran fiesta con el grill

Pierna de liebre estilo casero

Ingredientes para 4 personas: 4 piernas de liebre mechadas; 60 g de mantequilla; 1 cebolla; 1 ramito de perejil; 2 copitas de coñac (4 cl); 1 cucharada de aceite; 4 cucharadas de nata líquida; 2 cucharaditas de jalea de grosella; sal; pimienta negra recién molida; 1 baya de enebro.
795 calorías por persona aproximadamente.

Así se prepara: Limpiar las piernas de liebre con un paño. Engrasar con mantequilla cuatro trozos grandes de papel de aluminio y reservar. • Untar las piernas de liebre con la mantequilla restante y poner sobre el grill caliente hasta que hayan tomado color todo alrededor. • Mientras tanto, pelar y rallar la cebolla, lavar y picar el perejil. Mezclar ambos con el coñac, aceite, nata y jalea y condimentar con sal, pimienta y la baya de enebro machacada. Colocar las piernas en los trozos de papel de aluminio, verter la salsa por encima y cerrar bien los paquetes. • Asar 25 minutos sobre la parrilla caliente, dando varias veces la vuelta para que las piernas se asen por igual. • Servir inmediatamente, ya que, de lo contrario, la carne se pone dura.

Rollos de cerdo asados

Ingredientes para 6 personas: 2 solomillos de cerdo de 400 g cada uno; 1 ramito de perejil; 1 pellizco de romero y otro de orégano secos; pimienta; 200 g de tocino veteado fresco en lonchas muy finas; sal.
520 calorías por persona aproximadamente.

Así se prepara: Limpiar los solomillos con un paño. Picar fino el perejil. Triturar el romero y el orégano, mezclarlos con el perejil y la pimienta y frotar los solomillos con esta mezcla. Envolver la carne con las lonchas de tocino y atarla con bramante. • Pinchar los dos solomillos en un espetón giratorio grande y asar 15-20 minutos sobre el grill muy caliente. • Dejar reposar unos minutos, cortar en lonchas y salar.

Pierna de cordero al espetón

Ingredientes para 4 personas: 1 pierna de cordero de 2,5 kg aproximadamente; 250 g de tocino ahumado; 6 dientes de ajo; 3 cucharadas de aceite de oliva; pimienta negra en grano; 1-2 cucharadas de pimentón dulce; 1 punta de cuchillo de pimienta de Cayena; 2 cucharadas de salsa Worcester; 1 cucharadita de azúcar; 1 copita de coñac (2 cl); sal.
930 calorías por persona aproximadamente.

• La pierna de cordero debe adobarse 2 horas como mínimo.

Así se prepara: Si es que lo tiene, quitar el hueso del pie. Cortar el tocino sin corteza en tiras y mechar la pierna con ayuda de una aguja de mechar. El tocino deberá tener la temperatura del frigorífico para cortarlo e introducirlo en la carne con más facilidad. Pelar los dientes de ajo, cortarlos en bastoncillos y meterlos entre la carne y el tocino. • Mezclar el aceite de oliva con la pimienta en grano, el pimentón dulce, la pimienta de Cayena, la salsa Worcester, el azúcar y el coñac. Untar la pierna de cordero con este adobo y reservarla bien tapada en sitio fresco. Guardar lo que haya sobrado del adobo. • Pinchar la pierna de cordero en el espetón del grill, de manera que pueda girar uniformemente. Asar 60-80 minutos, untando de vez en cuando con el resto del adobo. • Quitar la pierna del espetón y dejar reposar unos 10 minutos para que el jugo se reparta por igual. Salar la carne antes de trincharla.

Una gran fiesta con el grill

Solomillos rellenos de queso

Ingredientes para 4 personas: 8 filetes de solomillo de vaca finos, de 100 g cada uno; 125 g de queso azul (Roquefort, Gorgonzola o Bavaria blu); 1 cucharada de nueces o almendras picadas; perejil y eneldo; 3 ramitas de albahaca; 4 lonchas alargadas de tocino ahumado; 2 cucharadas de aceite; sal; pimienta negra recién molida; hojitas de berros para adornar.
910 calorías por persona aproximadamente.

Así se prepara: Golpear ligeramente los solomillos con la yema de los dedos y secarlos con papel absorbente. ● Para hacer el relleno, aplastar el queso con un tenedor y batirlo hasta formar una crema, añadir las nueces o almendras picadas. Lavar, secar y picar finamente las hierbas, mezclándolas igualmente con el queso. Poner el relleno en el centro de 4 filetes, colocar los cuatro restantes encima y presionar solo ligeramente. Enrollar las lonchas de tocino alrededor de los solomillos rellenos y atar con bramante. ● Untar las caras superior e inferior de la carne con aceite y asar 3-5 minutos por cada lado sobre el grill muy caliente. ● A continuación, salar y espolvorear con pimienta. Servir lo antes posible adornado con hojitas de berros.

Nuestro consejo: Las lonchas de tocino se ponen muy crujientes durante el asado, por lo que pueden servirse junto con la carne. Si por el contrario, se prefiere ahorrar calorías, retirarlas en el momento de servir, ya que su único objetivo es impedir que el queso se salga al derretirse con las elevadas temperaturas del grill.

Los solomillos rellenos de queso son una receta particularmente selecta y exclusiva.

Una gran fiesta con el grill

Tournedós con champiñón sobre pedestal

Ingredientes para 4 personas: 4 tournedós de 125 g cada uno; 150 g de champiñones frescos; el zumo de 1 limón; 2 cebollas, 1-2 dientes de ajo; 70 g de mantequilla; sal; pimienta negra recién molida; 1 chorro de salsa Worcester; 1 chorro de vino blanco seco; 1 ramito de perejil; 4 tostas de pan de molde; 2 cucharadas de aceite. 435 calorías por persona aproximadamente.

Así se prepara: Aplastar ligeramente con la mano los tournedós. Lavar los champiñones y cortarlos en láminas, rociándolos inmediatamente con zumo de limón para que no se pongan negros. Pelar las cebollas y los dientes de ajo y picarlos muy finamente.
• Calentar 30 g de mantequilla en un recipiente de aluminio (o en papel de alumino extrafuerte doblado) sobre la parrilla del grill y rehogar la cebolla hasta que se ponga transparente, pero sin que tome color. Añadir los champiñones junto con el ajo y rehogar hasta que se haya evaporado el jugo que sueltan los champiñones. Condimentar con sal, pimienta y salsa Worcester y agregar el chorro de vino. Picar el perejil y añadirlo. Retirar un poco el recipiente y dejar que los champiñones se hagan un poco más con calor moderado. • Recortar las rebanadas de pan al tamaño de los tournedós, tostar por ambos lados sobre el grill y untar con el resto de la mantequilla. Llevar igualmente al borde de las brasas. • Untar los tournedós con aceite y asarlos 2-3 minutos por cada lado. Retirar del grill y salpimentar. • Poner los tournedós encima de las rebanadas de pan y cubrir con la guarnición de champiñones.

Combina bien con: ensalada mixta o ensalada de lechuga.

Tournedós con champiñón sobre pedestal, una pequeña comida de fiesta para gourmets.

Una gran fiesta con el grill

Paella al grill

Ingredientes para 6 personas: 1 pollo; 250 g de carne de cerdo magra; sal; pimienta negra; 8 cucharadas de aceite de oliva; 2 pimientos verdes; 150 g de chorizo; 2 cebollas; 250 g de cola de langosta o langostinos; 1-2 dientes de ajo; 200 g de arroz; 1 paquetito de azafrán (1 g); 3/4 l aproximadamente de caldo de carne caliente; 150 g de guisantes (congelados o de lata); 2 tomates; 150 g de mejillones (frescos o de lata).
625 calorías por persona aproximadamente.

- Aunque esta receta no es la de la paella clásica, queda también muy sabrosa.

Así se prepara: Lavar el pollo, secarlo y partirlo en 8 trozos. Trocear la carne de cerdo en dados gruesos. Frotar ambos tipos de carne con sal y pimienta. • Calentar la mitad del aceite en una paellera sobre las brasas y dorar bien los trozos de pollo y de cerdo. Sacar la carne y reservarla al calor. • Cortar los pimientos en aros y el chorizo en rodajas, pelar y picar las cebollas. Dorar todos estos ingredientes por separado, así como la cola de langosta o los langostinos, añadiendo eventualmente un poco de ajo machacado. Añadir un poco más de aceite por cada ración. Retirar todos los ingredientes de la paellera. Calentar el aceite restante y echar el arroz. Añadir el azafrán, dar unas vueltas y regar con el caldo. Dar un hervor, volver a mezclar todos los ingredientes y salpimentar. • Tapar la paellera con una tapadera o con papel de aluminio y cocer al borde del grill alrededor de 30 minutos. • Mientras tanto, descongelar los guisantes si son congelados, escaldar los tomates con agua hirviendo, quitarles las semillas y partirlos en rodajas. Poner ambos junto con los mejillones sobre el arroz y dejar otros 10 minutos. Condimentar. • Servir inmediatamente.

Combina bien con: adornar la paella con trozos de limón para que cada comensal se lo exprima sobre el arroz.

Variante: Si los mejillones son frescos, se ponen en aceite caliente hasta que se abran y se agregan a la paella.

Entrecôtes estilo leñador

Ingredientes para 4 personas: 4 entrecôtes de 200 g cada uno; 1 guindilla; 8 cucharadas de whisky; pimienta negra recién molida; 1 cebolla; 1 diente de ajo; 60 g de mantequilla; 1 lata pequeña de judías blancas; sal; 1 pellizco de tomillo seco; 3 cucharadas de catchup; 1 lata pequeña de granos de maíz; pimienta blanca recién molida; 1 pellizco de azúcar; 3 cucharadas de aceite; 8 lonchas de bacon.
660 calorías por persona aproximadamente.

- Los entrecôtes deben macerarse 4-6 horas.

Así se prepara: Secar los entrecôtes con un paño. Quitar las semillas de la guindilla y picarla. Mezclar el whisky con pimienta y la guindilla. Poner la carne en este adobo. • Pelar la cebolla y picarla en trozos pequeños, pelar el ajo y machacarlo. Calentar la mitad de la mantequilla en un recipiente de aluminio, añadir la cebolla y el ajo y rehogar hasta que se pongan transparentes. Agregar las judías blancas escurridas, mezclar con la sal, la pimienta, el tomillo y el catchup y reservar al calor al borde del grill. • Calentar el resto de la mantequilla en otro recipiente, añadir el maíz y condimentar con sal, pimienta blanca y azúcar. • Untar la carne con aceite y asarla 5-7 minutos por cada lado (según lo pasada que se desee). Durante los últimos minutos, asar también las lonchas de tocino hasta que se pongan crujientes. Aderezar los entrecôtes con las judías blancas, el maíz y el tocino, salpimentar.

La paella en la lumbre evoca recuerdos de vacaciones, sol y mar.

Cualquier día es bueno para asar al grill

Asar al grill no es sólo un juego social culinario, sino también una costumbre muy sana que ayuda a conservar la línea. Por esta razón, los asados a la parrilla se han convertido en un componente fijo de los menús diarios. La industria de los electrodomésticos ha sabido comprender la fuerza de esta tendencia y de ahí la gran variedad de modelos de grills individuales o encastrables, eléctricos o de gas. Hay incluso auténticos «fanáticos» que diariamente se preparan el almuerzo en un grill de mesa con carbón vegetal, aunque no cabe duda de que para ello es mucho más apropiada la terraza que la cocina. (Más información sobre grills en la página 7 y ss.)

Los platos al grill son (casi siempre) muy digestivos y pobres en calorías debido a la escasez de grasa, lo que les convierte en idóneos para una alimentación sana y equilibrada. Por otra parte, ciertos componentes vitales de los alimentos se conservan mejor asándolos al grill que con otros métodos de preparación. A todo lo anterior hay que agregar otra gran ventaja: Por regla general, todo lo que se asa al grill puede servirse inmediatamente, ya que el calor penetra con más rapidez por radiación que por conducción. ¿Por qué pasarse horas delante del fogón si con el grill se pueden lograr en un tiempo mínimo resultados igualmente buenos o a menudo, incluso mejores?

Pularda con frutas

Ingredientes para 4 personas: 2 pulardas; sal; pimienta blanca recién molida; pimentón dulce; 4 cucharadas de aceite, 4 rodajas de piña; 1 naranja; 2 melocotones; 2 plátanos; 40 g de mantequilla; 1 limón; pimienta de Cayena. 835 calorías por persona aproximadamente.

Así se prepara: Partir las pulardas en cuartos, lavarlas y secarlas. Frotarlas con sal, pimienta y pimentón y untar con aceite. • Asarlas unos 20 minutos sobre el grill caliente. • Mientras tanto, escurrir la piña, partir la naranja en rodajas y los melocotones por la mitad, quitándoles el hueso. Pelar los plátanos y partirlos por la mitad a lo largo. • Derretir la mantequilla. Untar todas las frutas con zumo de limón y mantequilla líquida y asar junto con la pularda 5-10 minutos. • Condimentar con pimienta de Cayena y servir con los trozos de pularda.

Filetes de pescado en papillote

Ingredientes para 4 personas: 4 filetes de pescado del mismo tamaño, de 100 g cada uno (gallo, lenguado, etc.); sal; 2 limones; salsa Worcester; 4 tomates pequeños; 2 cebollas; 1-2 dientes de ajo; perejil; 1 ramita de romero; 40 g de mantequilla; 4 lonchas de queso Emmental. 265 calorías por persona aproximadamente.

Así se prepara: Lavar los filetes de pescado con agua fría y secarlos. Condimentar por ambos lados con sal, el zumo de 1 limón y un poco de salsa Worcester. • Pelar los tomates y las cebollas y cortarlos en rodajas. Pelar el ajo y picarlo, lavar, secar y picar las hierbas. Engrasar cuatro trozos grandes de papel de aluminio, colocar un filete de pescado en cada uno y repartir por encima el tomate, la cebolla, el ajo y las hierbas. Cubrir con una loncha de queso y el resto de los filetes. Cerrar los paquetes cuidadosamente, pero dejando algo de aire en el interior. • Asar 25-30 minutos en el grill eléctrico previamente calentado. • Sacar los filetes del papel de aluminio. Cortar en gajos el segundo limón y adornar el pescado.

Los filetes de pescado en papillote son sanos y gustan a toda la familia.

Cualquier día es bueno para asar al grill

Hígado a la parrilla

Ingredientes para 4 personas: 4 filetes de hígado de ternera o de vaca de 200 g cada uno; 4 cucharadas de aceite; 1/2 cucharadita de mejorana seca y 1/2 de tomillo seco; pimienta negra recién molida; sal.
345 calorías por persona aproximadamente.

Así se prepara: Secar bien los filetes de hígado con papel absorbente. Mezclar 3 cucharadas de aceite con las hierbas trituradas y pimienta abundante. Untar con ello los filetes de hígado por ambos lados. • Pasar una brocha untada con el aceite restante por la parrilla del grill. Colocar encima el hígado y asar 3-4 minutos por cada lado con calor moderado. Durante este tiempo, untar de vez en cuando con el aceite condimentado. • No salar hasta inmediatamente antes de servir.

Combina bien con: rodajas de manzana y de cebolla asadas al grill y untadas con mantequilla (las manzanas también con miel), así como con puré de patata o pan blanco.

Pinchitos de riñones

Ingredientes para 4 personas: 600 g de riñones de ternera; 1-2 dientes de ajo; 4 cucharadas de aceite; 1 pellizco de salvia seca y otro de romero seco; pimienta negra recién molida; 12 lonchas muy finas de bacon; sal.
360 calorías por persona aproximadamente.

• Los riñones deben dejarse en remojo 1 hora aproximadamente.

Así se prepara: Partir los riñones por la mitad a lo largo, limpiarlos de tendones, venas y grasa y ponerlos en remojo. • Dejar escurrir y cortar en rodajas de 1 cm largo de grueso. Pelar el ajo, machacarlo y mezclarlo con el aceite, salvia, romero y pimienta. Secar las rodajas de riñones y colocarlas alternando con el tocino en cuatro pinchitos. • Untar con el aceite y asar 2-3 minutos, volviendo a untar con una brocha varias veces. • Salar y servir inmediatamente, ya que, de lo contrario, los riñones se ponen duros.

Variante: Añadir a los pinchos de riñones cebollitas pequeñas y champiñones untados con zumo de limón. Si se añade un poco de mostaza en polvo a la mezcla de aceite quedan particularmente sabrosos.

Rollitos de jamón con plátanos

Ingredientes para 4 personas: 8 lonchas de jamón de York; pimienta blanca recién molida; 1 pellizco de jengibre molido y otro de pimentón dulce; 8 lonchas de queso Gouda; 2 cucharadas de coco rallado; 2 plátanos grandes; el zumo de 1/2 limón; 40 g de mantequilla; curry; sal;
425 calorías por persona aproximadamente.

Así se prepara: Extender las lonchas de jamón y condimentar con pimienta, jengibre y pimentón. Colocar encima una loncha de queso (sin corteza). Tostar el coco rallado en una sartén seca hasta que se ponga dorado. • Pelar los plátanos, partirlos en cuatro trozos y rociarlos inmediatamente con zumo de limón para que no se pongan negros. Derretir la mantequilla y untar los trozos de plátano con una parte de ésta. Rebozar los trozos de plátano en el coco rallado y espolvorearlos con un poco de curry. Colocarlos encima del queso y enrollar el jamón. • Untar los rollitos con el resto de la mantequilla y asar sobre el grill caliente hasta que el queso se funda y se tueste ligeramente por los bordes. Si es necesario, rectificar de sal y pimienta antes de servir.

Cualquier día es bueno para asar al grill

Chuletas de cerdo adobadas

Ingredientes para 4 personas: 4 chuletas de cerdo de 150 g cada una; 1 cebolla; 1-2 dientes de ajo; 1 ramito de perejil; 2 cucharadas de vinagre a las hierbas y 2 cucharadas de vino blanco; 1 cucharada de hierbas provenzales; pimienta negra recién molida; 4 cucharadas de aceite; sal.
615 calorías por persona aproximadamente.

• Las chuletas deben permanecer 40-50 minutos en el adobo.

Así se prepara: Limpiar las chuletas con un paño húmedo. • Pelar la cebolla y los dientes de ajo y picarlos finamente, lo mismo que el perejil. Mezclar con el vinagre, el vino, las hierbas secas y la pimienta. Agregar el aceite y poner las chuletas en este adobo. • Escurrir y asar 8 minutos por cada lado en el grill de mesa caliente (o en el grill eléctrico). • Salar y servir.

Combina bien con: patatas asadas en papel de aluminio y ensalada mixta.

Variante: Chuletas de cerdo con setas
Mientras se adoban las chuletas, pelar 3 cebollas y cortarlas en aros. Lavar 500 g de champiñones frescos y, una vez escurridos, cortarlos en láminas. Calentar 40 g de mantequilla en una sartén, rehogar las cebollas, añadir los champiñones y cocer hasta que se haya consumido el líquido que sueltan. Salpimentar. Picar un ramito de perejil y agregarlo a los champiñones. Rehogar brevemente, añadir 4 cucharadas de nata líquida, dar un hervor y reservar la sartén al calor hasta que estén asadas las chuletas. • Poner la mezcla de champiñones sobre las chuletas y servir inmediatamente.

Las chuletas de cerdo adobadas son económicas, se preparan rápidamente y resultan muy sabrosas.

Cualquier día es bueno para asar al grill

Pinchitos vegetales con bacon

Ingredientes para 4 personas: 1 berenjena larga y delgada; 2 mazorcas de maíz; 2 calabacines; sal; 2 cebollas; 12 champiñones grandes; el zumo de 1/2 limón; 8 tomates pequeños o 4 medianos; 150 g de bacon en lonchas muy finas; pimienta blanca recién molida; 4 cucharadas de aceite; 1 ramito de perejil; 40 g de mantequilla.
495 calorías por persona aproximadamente.

Así se prepara: Lavar y escurrir la berenjena, el maíz y los calabacines. Cortar todo en rodajas gruesas y salar las rodajas de berenjena por ambos lados. Pelar las cebollas y cortarlas en aros no demasiado finos, lavar los champiñones y rociarlos con un poco de zumo de limón. Lavar los tomates, partir por la mitad los grandes (si se utilizan 4). Dejar escurrir de nuevo las rodajas de berenjena y colocar todos los vegetales alternando con las lonchas de bacon en cuatro pinchos grandes. • Untar con aceite y asar sobre el grill caliente alrededor de 15 minutos, dando la vuelta con frecuencia y untando con aceite varias veces. • Picar el perejil. Fundir la mantequilla, mezclarla con el resto de zumo de limón, sal, pimienta y el perejil picado y repartir sobre los pinchitos.

Judías verdes envueltas en bacon

Ingredientes para 4 personas: 500 g de judías verdes; sal; 1 rama de ajedrea; el zumo de 1/2 limón; pimienta negra recién molida; 1 ramito de albahaca; 4 lonchas de bacon; 6-7 cucharadas de aceite de oliva.
230 calorías por persona aproximadamente.

Así se prepara: Limpiar las judías verdes, lavarlas y dejarlas escurrir. Blanquearlas 3-4 minutos en agua salada hirviendo junto con la ajedrea, refrescar con agua fría y dejar escurrir. Condimentar con zumo de limón, sal y pimienta y formar 4 ramilletes junto con la albahaca. Envolver cada ramillete con una loncha de bacon y colocarlo sobre un trozo de papel de aluminio. • Regar con aceite, cerrar los paquetes y asar 15-20 minutos en el grill eléctrico. Abrir los paquetes y tostar un poco más el bacon.

Cebollas rellenas

Ingredientes para 4 personas: 4 cebollas grandes, de 250 g cada una; 150 g de embutido de lengua; 100 g de jamón de York; 125 g de bacon; 1 diente de ajo; 1 ramito de perejil; 4 cucharadas de nata líquida; 2 cucharadas de queso de cabra; sal; pimienta negra recién molida; 1/2 cucharadita de pimentón dulce; 2 yemas de huevo; 4 lonchas grandes de tocino ahumado; 2 cucharadas de aceite.
860 calorías por persona aproximadamente.

Así se prepara: Sin pelarlas, cortar el tercio superior de cada cebolla, que servirá como tapadera, y vaciar todo lo que se pueda la parte inferior. Picar finamente la cebolla que se ha extraído. Partir, asimismo en trozos muy pequeños, el embutido de lengua, el jamón de York y el bacon. Lavar y picar el perejil. Derretir el bacon en una cazuela, añadir los trocitos de cebolla y rehogar hasta que estén dorados. Añadir la nata líquida, el embutido de lengua y el jamón York, retirar la cazuela del fuego y agregar el queso junto con los condimentos, el perejil y las yemas, mezclando bien. •Rellenar las cebollas con esta mezcla, poner las tapaderas y envolver cada cebolla con tocino. Atar con bramante. • Asar aproximadamente 30 minutos, quitando a continuación las lonchas de tocino y las pieles externas que se hayan puesto marrones.

◁ Las cebollas rellenas convierten un día corriente en algo especial.

Asar al grill para la mesa de fiesta

Durante mucho tiempo, las comidas festivas han tenido fama de ser demasiado opulentas. Por fortuna, tales banquetes pertenecen ya al pasado. La tecnificación y la vida sedentaria requieren una alimentación ligera. Los platos al grill cumplen todos este requisito. ¿Por qué no incorporarlos también a la mesa de fiesta? Introducir en el menú distintas especialidades a la parrilla, empezando por los platos más ligeros y menos condimentados, a los que pueden seguir otros más fuertes. Proceder igual con los vinos. Con los platos ligeros y delicados servir vino fresco y con los fuertes, un vino con más cuerpo, espumoso o achampañado. En la página 139 puede leerse qué vino va bien con cada comida.

Gambas con nata en papillote

Ingredientes para 4 personas: 500 g de gambas cocidas y peladas; el zumo de 1 limón; salsa Worcester; pimienta blanca recién molida; 1 cebolla; 40 g de mantequilla; 250 g de champiñones o setas variadas; 1/4 de pepino; sal; pimentón dulce; 1/8 l de nata líquida; 1 diente de ajo; 2 cucharadas de pan rallado; 1 cucharada de queso rallado; 1/2 ramito de eneldo.
365 calorías por persona aproximadamente.

Así se prepara: Condimentar las gambas con zumo de limón, salsa Worcester y pimienta. Pelar y picar la cebolla y rehogarla en la mitad de la mantequilla hasta que se ponga transparente. Lavar las setas y cortarlas en láminas, partir el pepino en trocitos. Agregar ambos ingredientes a la cebolla, salpimentar y condimentar con pimentón. Rehogar esta mezcla hasta que se haya consumido el líquido. Mezclar con las gambas. Untar con mantequilla cuatro trozos grandes de papel de aluminio y colocar encima la mezcla de gambas. Doblar hacia arriba las puntas del papel de aluminio, verter la nata líquida y doblar. • Asar unos 15 minutos en el grill caliente. • Picar finamente el ajo y mezclarlo con el pan y el queso rallados. • Abrir los paquetes, repartir por encima la mezcla de queso, ajo y pan rallado y el resto de la mantequilla y gratinar bajo el grill caliente. • Servir adornado con eneldo.

Salmón al grill

Ingredientes para 4 personas: 4 rodajas de salmón fresco de 300 g cada una; 2 limones; sal; pimienta blanca recién molida; 100 g de mantequilla con anchoas (según la receta de la página 109 o comprada hecha); 2 chalotas o cebollas pequeñas; 2 ramitos de perejil; 1/2 pepino; 5 cucharadas de aceite.
930 calorías por persona aproximadamente.

• Si se va a hacer en casa, la mantequilla con anchoas debe prepararse de antemano. La que se vende ya preparada se puede mezclar con un poco de ajo machacado.

Así se prepara: Lavar las rodajas de salmón y secarlas bien. Condimentar por ambos lados con el zumo de 1 limón, sal y pimienta y reservar. • Calentar la mantequilla con anchoas, picar finamente las chalotas o cebollas y rehogarlas en la mantequilla hasta que estén transparentes, pero sin que tomen color. Picar el perejil y mezclarlo con lo anterior. Reservar la salsa en sitio caliente. • Partir el segundo limón en gajos, cortar el pepino en rodajas y adornar cuatro platos dejando sitio para el pescado. Untar las rodajas de salmón con aceite y asar 5 minutos cada lado en el grill untado con aceite. Servir inmediatamente.

Con el salmón al grill se puede agradar a invitados muy exigentes.

Asar al grill para la mesa de fiesta

Pechuga de ganso con funda

Ingredientes para 4 personas: 1 pechuga de ganso deshuesada; 1/4 l de zumo de uva; pimienta de Cayena; 4 cucharadas de mantequilla; sal; pimienta negra recién molida; 1 lata pequeña de hojas de parra al natural; 150 g de tocino ahumado en lonchas muy finas; 1-2 cucharadas de miel; 1/8 l de nata líquida; 1 chorro de vinagre de vino tinto.
840 calorías por persona aproximadamente.

• Encargar la pechuga con anterioridad en la pollería y pedir que la aten.
• La pechuga debe macerarse en el zumo de uva 12 horas como mínimo, aunque lo mejor es dejarla toda la noche.

Así se prepara: Lavar la pechuga con agua fría y secarla bien. Condimentar el zumo de uvas con pimienta de Cayena y poner a macerar la carne. • Secar cuidadosamente la pechuga de ganso. Derretir la mitad de la mantequilla y untar con ella la pechuga. Salpimentar y envolver en las hojas de parra escurridas. Recubrir toda la pechuga con las lonchas de tocino y atar con bramante. • Asar 25 minutos aproximadamente sobre el grill caliente, dando la vuelta a menudo. • Entre tanto, condimentar el adobo de zumo de uvas con sal y pimienta negra y mezclarlo con la miel. Sacar la pechuga de ganso de la envoltura. • Volverla a untar con mantequilla, salpimentar y dorar bien en el grill por todos los lados, aplicando de vez en cuando la mezcla de zumo y miel con ayuda de una brocha. • Dejar reposar la pechuga junto al grill 5-10 minutos. • Llevar a ebullición en una cazuelita el zumo que haya quedado, agregar la nata líquida y cocer hasta que se forme una crema. Rectificar de sal y, por último, añadir el vinagre gota a gota; esto proporciona a la salsa brillo, aroma y consistencia.

Filetes de ciervo con salsa de zarzamoras

Ingredientes para 4 personas: 4 filetes de ciervo de 150 g cada uno; pimienta negra recién molida; 4 cucharadas de aceite; 6 cucharadas de jalea de zarzamoras; el zumo de 1 naranja; la corteza de 1/2 naranja; 2 cucharadas de zumo de piña; 1 pellizco de jengibre molido y otro de canela molida; pimienta de Cayena; sal; 4 rodajas de piña de lata; 2 cucharadas de mantequilla.
420 calorías por persona aproximadamente.

Así se prepara: Golpear ligeramente con la mano los filetes, pasarles un paño húmedo y secarlos bien. Frotar con pimienta y aceite por ambos lados. • Mezclar la jalea de zarzamoras con el zumo y la corteza de naranja y ponerla en una cazuelita. Añadir el zumo de piña con el jengibre, canela, pimienta de Cayena y un pellizquito de sal y llevar todo a ebullición sin dejar de dar vueltas. Reservar al calor. • Asar los filetes 4-6 minutos por cada lado en el grill caliente. Mientras tanto, escurrir las rodajas de piña y secarlas. Derretir la mantequilla, untar con ella las rodajas de piña y dejarlas en el grill hasta que tomen color. • Poner los filetes en platos calientes, cubrir con 1 rodaja de piña y regar con la salsa de zarzamoras. Servir inmediatamente.

Combina bien con: lombarda con naranja o piña y croquetas o puré de patatas. La bebida más recomendable es un Borgoña tinto u otro tinto con cuerpo.

> **Nuestro consejo:** Utilizar filetes de corzo o también lomo de liebre deshuesado en lugar de ciervo. Los amantes de los platos fuertes deberían probar esta receta con jabalí.

Asar al grill para la mesa de fiesta

Langosta con nata de limón

Ingredientes para 4 personas: 2 langostas frescas cocidas de 600 g cada una; sal; pimienta blanca recién molida; 80 g de mantequilla; 4 limones; 1/8 l de nata líquida dulce; 100 g de nata ácida; 1 chorro de jerez seco (fino); 2 cucharaditas de pimienta verde; 1 latita de caviar (28 g).
490 calorías por persona aproximadamente.

• Pedir en la pescadería que abran las langostas cocidas por la mitad.

Así se prepara: Salpimentar las mitades de langosta, derretir la mantequilla y regar con ella la langosta. • Asar la langosta al grill 5-10 minutos, con calor no demasiado intenso.
• Mientras tanto, partir los limones por la mitad y vaciar la pulpa con un cuchillo. Montar la nata líquida dulce y condimentar con un poco de zumo de limón (exprimido de la pulpa, la pulpa restante puede utilizarse para otra cosa). Mezclar con cuidado la nata ácida y rellenar con una parte de esta mezcla las mitades de limón. Condimentar el resto de la nata con el jerez y la pimienta verde y ponerla en una salsera.
• Disponer en una fuente la langosta asada, poner alrededor las mitades de limón con el caviar por encima de la nata y servir con la salsa.

Combina bien con: pan de barra o pan de molde. La bebida más apropiada es un vino blanco seco o un vino espumoso.

Variante: En lugar de la salsa de nata, o además de ésta, se puede servir como acompañamiento una vinagreta a las hierbas según la receta de la página 113, aunque sin ajo ni huevo.

Probar la langosta con nata de limón se tenga o no motivo para celebrar una fiesta.

Asar al grill para la mesa de fiesta

Solomillo de cerdo a las hierbas

Ingredientes para 6 personas: 2 solomillos de cerdo de 500 g cada uno; 150 g de hierbas variadas; 1 cebolla; 2 dientes de ajo; 2 cucharadas de mostaza a las hierbas; pimienta negra recién molida; sal; 200 g de tocino ahumado en lonchas finas; 1/8 l de cerveza.
600 calorías por persona aproximadamente.

Así se prepara: Secar los solomillos con un paño. Picar las hierbas, pelar y rallar la cebolla, pelar y machacar los dientes de ajo. Mezclar la mostaza con las hierbas, la cebolla y el ajo, salpimentar. Untar los solomillos con esta pasta y poner uno encima de otro (el extremo más delgado de uno sobre el más grueso del otro). Envolver cuidadosamente con lonchas de tocino y atar con bramante. • Sujetar bien la carne en el espetón giratorio para que pueda dar vueltas uniformemente y asar con calor moderado 20-25 minutos. Durante los últimos 10 minutos, untar varias veces con la cerveza para que se forme una costra. • Trinchar tras un tiempo de reposo breve.

Combina bien con: patatas asadas, ensalada veraniega (receta página 102) y una cerveza.

Rollitos de ternera

Ingredientes para 4 personas: 4 filetes de ternera muy finos, de 100 g aproximadamente cada uno; 1 pera; el zumo y la corteza rallada de 1/2 limón; 1 ramito de perejil; 2 cucharadas de pan rallado; 2 cucharadas de almendras molidas; 1 cucharada de Madeira; 1 cucharada de queso Gouda rallado; sal; pimienta blanca recién molida; 1 pellizco de curry; 3 cucharadas de aceite; 1 cucharada de mantequilla.
270 calorías por persona aproximadamente.

Así se prepara: Aplanar los filetes con la mano y secarlos con un paño. Pelar la pera, quitarle las semillas y partirla en trocitos muy pequeños. Añadir inmediatamente el zumo y la corteza de limón. Picar el perejil. Añadir a la pera el pan rallado, las almendras, el Madeira, el queso y el perejil. Condimentar con sal, pimienta y curry. Repartir esta masa sobre los filetes, enrollar la carne y sujetarla con pinchitos. • Untar con aceite y asar unos 15 minutos. Derretir la mantequilla, aplicarla sobre los rollitos con ayuda de una brocha y asar otros 3-5 minutos.

Chuletón de buey especial

Ingredientes para 4 personas: 1 chuletón de buey de 1,2 kg; sal; 4 cucharadas de aceite; pimienta negra recién molida; 3 chalotas o cebollas pequeñas; 20 g de mantequilla; 1 paquete pequeño de guisantes congelados (300 g); 1 chorro de vino blanco seco; 1/8 l de nata líquida; pimienta blanca recién molida; 1 pellizco de azúcar; 4 lonchas pequeñas de jamón serrano.
1 025 calorías por persona aproximadamente.

Así se prepara: Limpiar el chuletón de buey con un paño húmedo y hacer varios cortes en el borde de grasa. • Untar la carne con aceite y asarla 4-6 minutos por cada lado en el grill muy caliente. • Salpimentar y dejar reposar en una placa caliente 15 minutos. • Mientras reposa la carne, picar finamente las chalotas o cebollas. Calentar la mantequilla y rehogar las chalotas hasta que se pongan transparentes. Añadir los guisantes, el vino y la nata y condimentar con sal, pimienta y azúcar. Cocer unos 10 minutos con calor suave. • Quitar el hueso de la carne, cortar en lonchas y servir adornado con los guisantes y el jamón.

Asar al grill para la mesa de fiesta

Roastbeef con relleno de setas

Ingredientes para 4 personas: 800 g de carne para roastbeef (lomo de vaca o de choto); 3 cucharadas de aceite; sal; pimienta negra recién molida; 100 g de bacon; 2 cebollas; 1-2 dientes de ajo; 150 g de champiñones; 2 cucharadas de mantequilla; 1 ramito de perejil; 3 cucharadas de nata líquida; 3 cucharadas de queso rallado. 885 calorías por persona aproximadamente.

Así se prepara: Limpiar la carne con un paño húmedo, secarla y frotarla con el aceite.
• Asarla 12-15 minutos en el grill caliente, dándole la vuelta varias veces. • Salpimentar, envolver en papel de aluminio y dejar reposar 15 minutos. • Entre tanto, trocear muy fino el bacon. Pelar las cebollas y los dientes de ajo, lavar los champiñones y picar todo muy fino. Derretir el bacon en una sartén, calentar una cucharada de mantequilla y dorar la cebolla y el ajo. Añadir los champiñones y rehogar, removiendo, hasta que se haya evaporado el líquido que sueltan. Picar finamente el perejil y mezclarlo con la nata, sal y pimienta. Añadir esto a los champiñones, dar un hervor y retirar del fuego. Añadir el queso rallado. • Por la parte de arriba, hacer unas incisiones en el roastbeef cada 2 cm, introducir el relleno en los cortes y volver a apretar ligeramente el asado. Atar con bramante y repartir el resto de la mantequilla en trocitos por encima. Gratinar bajo el grill muy caliente.

Variante: Esta variación es para los amantes de las salsas. Apartar aproximadamente un tercio del relleno antes de añadirle el queso, calentarlo de nuevo en una cazuelita y regarlo con 1/8 de l más o menos de vino tinto. En cuanto empiece a cocer, añadir 1/8 de l de nata líquida y cocer hasta que se forme una crema. Condimentar con sal, pimienta y pimentón y agregar, si se desea, una gotas de vinagre.

◁ No deje de probar al roastbeef relleno de setas.

Solomillos a la pimienta

Ingredientes para 4 personas: 4 filetes de solomillo de 180 g cada uno; 4 cucharadas de aceite de semilla de uva; 1 chalota; 20 g de mantequilla; 2-3 cucharadas de pimienta rosa; 1/2 cucharadita de vinagre de frambuesa; 1 cucharadita de jalea de grosellas; 4 cucharadas de queso fresco; sal; 1 pellizco de mostaza en polvo; 1 puñado de hojas de perifollo; pimienta negra recién molida.
375 calorías por persona aproximadamente.

• La pimienta rosa no se vende todavía de modo generalizado; sólo se encuentra en supermercados y establecimientos muy bien abastecidos, bien congelada o bien en vinagre. Sin embargo, estamos seguros de que su uso se impondrá pronto debido a su aroma refinado y suave. Por otra parte, no se trata de pimienta «auténtica», ya que ambas plantas sólo tienen un parentesco lejano. Si no se encuentra pimienta rosa, se puede sustituir por pimienta verde.

Así se prepara: Secar los filetes de solomillo con un paño y frotarlos con el aceite. • Pelar la chalota y picarla muy fino. Calentar la mantequilla y rehogar la chalota hasta que se ponga transparente. Añadir los granos de pimienta rosa machacados, rehogar unos segundos y apagar con el vinagre de frambuesa. Agregar la jalea de grosellas y el queso fresco y condimentar con sal y mostaza en polvo. Reservar la salsa al calor y tapada. • Asar los solomillos 3-5 minutos por cada lado.
• Mientras tanto, lavar el perifollo y secarlo bien. Salpimentar los solomillos, ponerlos en cuatro platos calientes y regar con la salsa. Servir adornados con el perifollo.

Combina bien con: ensalada fresca o broccoli y patatas nuevas doradas en mantequilla y espolvoreadas con perejil. Como bebida se recomienda vino blanco afrutado, o tinto.

La fiesta pasada por agua

Como es natural, todos pensamos en días de sol para asar al grill, pero, por desgracia, nunca se tiene la certeza absoluta de que el tiempo va a ser bueno. Incluso cuando ha lucido un sol espléndido durante días y la predicción meteorológica promete un anticiclón persistente, puede suceder que, justo cuando se va a empezar la fiesta, el cielo se cubra de nubes. No hay que desanimarse. A veces, el mal tiempo pasa de largo o, si caen unas gotas, se puede esperar debajo de una sombrilla o de un toldo. No obstante, si la lluvia arrecia, o hay tormenta o vendaval, no quedará más remedio que refugiarse en el interior, lo que en modo alguno quiere decir que se haya reventado la fiesta. Todo lo contrario, si se sigue el lema «esto no asusta a los amantes del grill», puede lograrse una atmósfera incluso más relajada. Una vez agrupados todos los utensilios en un lugar seco, ofrecer una copita para que pase el susto e invitar a los asistentes a trasladarse a la cocina. Si se dispone de un grill eléctrico o de gas, asar los alimentos como si se estuviera al aire libre. Si no se tienen ningún tipo de parrilla, utilizar la batería de cocina normal. Con ayuda del horno, cacerolas y sartenes se pueden preparar platos tan exquisitos con los ingredientes del grill que el contratiempo de la lluvia se olvidará rápidamente.

Rollitos de Sauerkraut

Ingredientes para 4 personas: 8 lonchas gruesas de jamón de York (de 3 mm de grosor cada una); 1 cebolla grande; 100 g de tocino ahumado; 1 lata pequeña de col fermentada (Sauerkraut) (2 raciones); 1/8 l de caldo de carne; 4 cucharadas de arándanos; 1 cucharada de miel; 4 cucharadas de queso rallado; aceite.
255 **calorías** por persona aproximadamente.

Así se prepara: Extender las lonchas de jamón de York sobre la superficie de trabajo. Pelar la cebolla y partirla en dados pequeños, lo mismo que el tocino. Derretir el tocino en una sartén y freír la cebolla hasta que esté dorada. Rehogar brevemente la col fermentada, regar con el caldo, añadir los arándanos y la miel y mezclar bien. Cocer unos 10 minutos y dejar que el líquido se reduzca. Retirar del fuego y agregar el queso rallado. Repartir esta mezcla en las lonchas de jamón de York, enrollarlas y sujetarlas con palillos. • Untar los rollitos con aceite y asarlos en el grill eléctrico 10-15 minutos.

Variante: Los rollitos de Sauerkraut también pueden freírse en la sartén en una mezcla de mantequilla y aceite.

Pinchitos de pastor

Ingredientes para 4 personas: 300 g de solomillo de ternera; 300 g de solomillo de cerdo y 300 g de solomillo de vaca; 8 chalotas o cebollas pequeñas; 2 tomates; 2 calabacines; 4 pimientos pequeños; 3-4 dientes de ajo; 4 cucharadas de aceite; 2 cucharadas de mantequilla; 1/2 pepino; 60 g de queso de oveja, 200 g de nata ácida; sal; pimienta negra recién molida.
555 **calorías** por persona aproximadamente.

Así se prepara: Secar los solomillos con un paño y cortarlos en trozos no demasiado grandes. Pelar las chalotas o cebollas, cortar los tomates y calabacines en rodajas gruesas, partir los pimientos por la mitad a lo largo y quitarles las semillas. Pelar y machacar los dientes de ajo. • Calentar en una sartén el aceite y la mantequilla con un poco de ajo y freír la carne y las verduras. Mientras se fríen, partir el pepino en rodajitas muy finas. Mezclar el queso con la nata ácida, el pepino, la sal, la pimienta y el ajo restante. • Repartir la carne y las verduras fritas en cuatro pinchitos, salpimentar y servir con la salsa aparte.

La fiesta pasada por agua

Salchichas al vino tinto

Ingredientes para 4 personas: 24 salchichas pequeñas o 4 grandes; 1/8 l de vino tinto; 2 chalotas o cebollas pequeñas; 2 cucharadas de mantequilla; 1-2 dientes de ajo; 1 pellizco de tomillo seco.
490 calorías por persona aproximadamente.

Así se prepara: Pinchar las salchichas todo alrededor para que no revienten. • Ponerlas en una sartén con el vino tinto y dejar cocer destapadas, a fuego lento, 5-10 minutos (según el tamaño). Pelar las chalotas o cebollas y picarlas finamente. Cuando se haya evaporado casi todo el líquido de las salchichas, añadir la mantequilla. Agregar las chalotas o cebollas, el ajo machacado, el tomillo y mezclar. Rehogar hasta que las salchichas estén crujientes.

Variantes: Si se preparan las salchichas en el grill eléctrico, freír las chalotas y el ajo en la mantequilla. Agregar las chalotas o cebollas, el dejar que se evapore un poco de líquido. Ligar la salsa con un poco de nata líquida y condimentarla con sal y pimienta.

Gulasch de salchichas

Ingredientes para 4 personas: 500 g de salchichas variadas que sean apropiadas para el grill; 3 cebollas; 100 g de bacon; 1-2 dientes de ajo; 2 pimientos verdes; 2 tomates; 1 ramito de perejil; sal; pimienta negra recién molida; 1 cucharadita de pimentón dulce; 1/8 l de caldo de carne caliente; 1/8 l de nata líquida; 1 chorro de vinagre de vino; 1 ramito de cebollino.
500 calorías por persona aproximadamente.

Así se prepara: Cortar las salchichas en dados de 2 cm. Pelar las cebollas y partirlas en dados pequeños, lo mismo que el bacon. • Derretir el bacon en una sartén grande y freír las cebollas hasta que se doren. Pelar el ajo, machacarlo y añadirlo a la cebolla junto con las salchichas. Lavar y quitar las semillas de los pimientos, pelar los tomates. Partir ambos en trozos muy pequeños. Lavar y picar el perejil. Mezclar todo ello con el gulasch y condimentar con sal, pimienta y pimentón. Verter el caldo de carne caliente. Añadir la nata líquida y cocer a fuego moderado 10-15 minutos. Agregar un chorro de vinagre y servir adornado con el cebollino picado.

Schaschlik con salsa de champaña

Ingredientes para 4 personas: 300 g de solomillo de ternera y 300 g de solomillo de cerdo; 1 lata pequeña de corazones de alcachofas; 1/2 lata pequeña de palmitos (médula de palma); 60 g de jamón de York; 2 cucharadas de aceite; 30 g de mantequilla; 2 chalotas; 0,2 l de vino espumoso o champaña; 100 g de queso fresco; sal; pimienta recién molida; 1 pellizco de azúcar; 1 ramito de berros.
525 calorías por persona aproximadamente.

Así se prepara: Partir las dos clases de solomillo en dados de 2-3 cm. Escurrir los corazones de alcachofa y los palmitos. Cortar los palmitos en trozos de 2-3 cm de largo y el jamón de York en tiras. Alternar estos ingredientes en cuatro pinchitos. • Calentar el aceite y 20 g de mantequilla en una sartén grande y freír los pinchitos 10 minutos, dándoles varias veces la vuelta. Reservar al calor. • Picar finamente las chalotas y rehogarlas hasta que se pongan transparentes, pero sin que tomen color, en la grasa que haya quedado de freír los pinchitos. Apagar con tres cuartas partes del vino espumoso. Agregar el

La fiesta pasada por agua

queso fresco y llevar a ebullición la salsa, dejando cocer hasta que se forme una crema. Condimentar con sal, pimienta y azúcar y añadir la mantequilla restante en trocitos pequeños junto al fuego. Mezclar con el resto del vino espumoso y las hojas de berros. Servir los pinchitos con la salsa aparte.

Variante: Si se asan los pinchitos al grill, preparar la salsa aparte y condimentarla con un poco de extracto de carne.

Caballas en papel barba

Esta receta es aplicable a todos los pescados que se asan al grill sobre brasas de carbón vegetal. Ciertamente, a nadie se le ocurrirá pensar que es «sólo una solución de urgencia por culpa de la lluvia».

Ingredientes para 4 personas: 4 caballas frescas (o cualquier otro pescado de ración); 100 g de mantequilla blanda; el zumo de 1 limón; la corteza rallada de 1/2 limón; 1 pellizco de sal; 1 ramito de hinojo seco.
555 calorías por persona aproximadamente.

Así se prepara: Lavar las caballas por dentro y por fuera con agua fría y secarlas bien. Hacer unos cortes oblicuos a ambos lados cada 2 cm. Mezclar la mantequilla con el zumo y la corteza de limón y la sal, repartiendo esta mezcla en los cortes y en el hueco de la tripa. En los huecos de las tripas poner también un ramito de hinojo y cerrar las aberturas con un palillo. • Envolver cada caballa en un trozo de papel barba, cerrar bien y asar 15-20 minutos en el horno a 200 °C. • Servir en el papel barba.

Combina bien con: vino blanco seco y pan reciente con mantequilla salada.

Los maestros en el arte de la cocina alabarán las caballas en papel barba con su delicado aroma a hinojo.

La fiesta pasada por agua

Ratatouille

En caso de lluvia, todas las hortalizas que se iban a asar al grill pueden aprovecharse para preparar una buena ensalada, si bien cuando el tiempo es desagradable, siempre suele ser bien recibido algo caliente.

Ingredientes para 6 personas: 2 kg de hortalizas para asar (como cebollas, pimientos, calabacines, berenjenas, maíz, tomates); 6 cucharadas de aceite de oliva; 2-3 dientes de ajo; sal; pimienta negra recién molida; romero; tomillo; orégano y albahaca secos; 1 pellizco de cada uno.
265 calorías por persona aproximadamente.

Así se prepara: Lavar las hortalizas y cortarlas en rodajas o en dados. • Calentar el aceite en una cacerola grande y dorar las cebollas, añadiendo el ajo machacado. Agregar las hortalizas restantes, condimentar y meter bien tapado en el horno previamente calentado a 200 °C. Asar 45 minutos aproximadamente sin remover. • Se puede servir frío o caliente.

Berenjenas al ajo

Ingredientes para 4 personas: 4 berenjenas pequeñas; sal; harina para espolvorear; 1/8 l de aceite de oliva fino; 4-6 dientes de ajo; pimienta negra recién molida; 1 ramito de albahaca; el zumo de 2 limones.
345 calorías por persona aproximadamente.

• Espolvorear con sal las rodajas de berenjenas para que «lloren» unos minutos, ya que así se eliminan las posibles sustancias amargas.

Así se prepara: Lavar las berenjenas y cortarlas a lo largo en lonchas finas. Dejarlas «llorar». Secar y rebozar en harina, sacudiendo un poco para que caiga la sobrante. • Calentar el aceite en una sartén grande y freír las berenjenas hasta que estén doradas. Durante los últimos minutos, añadir un poco de ajo machacado y pimienta en abundancia. • Lavar y picar la albahaca. Mezclar el zumo de limón con la sal, la pimienta y la albahaca y verter sobre las berenjenas muy calientes.

Roastbeef con romero

Ingredientes para 4 personas: 1 kg de carne para roastbeef; 3 cucharadas de romero seco; 3 cucharadas de aceite; 2 cebollas; 1 diente de ajo; 2 tomates; 1/2 taza de vino tinto; 1/8 l de nata líquida; sal; pimienta negra recién molida; coñac.
810 calorías por persona aproximadamente.

Así se prepara: Secar la carne con un paño. Triturar el romero en el mortero y mezclarlo con 2 cucharadas de aceite. Frotar la carne con esta mezcla. Con el aceite restante, engrasar la parrilla del horno y poner la carne encima con la parte grasa hacia arriba. Pelar las cebollas, el ajo y los tomates y partirlo todo en trozos pequeños. Colocar estos ingredientes en la bandeja del horno, verter por encima una taza de agua y el vino y ponerlo bajo el gratinador. • Asar todo 25-30 minutos en el horno precalentado a 250 °C. Dejar reposar la carne 10 minutos con el horno abierto. • Mientras tanto, pasar por un tamiz la cebolla, ajo y tomates, mezclar con la nata y cocer hasta formar una crema. Condimentar con sal, pimienta y un poco de coñac. • Partir el roastbeef en rodajas (rascando un poco el romero), salpimentar y servir con la salsa.

Variante: En caso de utilizar el grill eléctrico, asar la carne condimentada con romero y aceite 12-15 minutos aproximadamente por cada lado y servirla sin salsa.

◁ Al saborear el roastbeef con romero se olvida rápidamente la lluvia.

Ensaladas y otras guarniciones

No cabe ninguna duda de que lo que se asa al grill casi nunca se sirve solo. Hasta el filete más delicado sabe mejor acompañado de una ensalada fresca y una patata (o tomate) asada. Todos estos acompañamientos, que se denominan «guarniciones», ayudan a sacar más partido de un asado. Subrayan o intensifican el aroma, o crean contrastes interesantes de sabor.

Las ensaladas son, evidentemente, el acompañamiento por antonomasia, ya se compongan de vegetales frescos o cocidos, estén hechas a base de arroz, pasta o patatas, lleven carne, pescado o huevos, la fantasía no conoce límites. Si enumeráramos sólo una parte de las posibilidades, nos saldríamos del marco de este libro. Lo mejor es seleccionar unas cuantas de las «mezclas preferidas» por la familia y completarlas mediante creaciones nuevas. También pueden utilizarse ensaladas de las que se venden ya preparadas. Según nuestra experiencia, en las grandes fiestas con grill, el bufé de las ensaladas resulta de los más visitados. Disponer todos los ingredientes preparados (lavados y partidos) en distintos recipientes sobre una mesa grande y agrupar alrededor distintas salsas (hechas en casa o compradas). Así, cada invitado puede confeccionarse su propio plato de ensalada. Además, las hojas y hierbas delicadas se conservan más tiempo frescas al no absorber la salsa. Sólo deben prepararse con anterioridad las ensaladas que requieren cierto tiempo de reposo.

Las hortalizas y la fruta al grill son también muy apreciadas como guarnición. El recetario incluye varias sugerencias y en la página 130 se ofrece más información al respecto. Las guarniciones deben contribuir también a saciar el apetito, ya que nadie vive sólo de un filete.

Sencillo, pero siempre bienvenido, es el pan en todas sus variedades. Hay que citar en primer lugar el pan blanco, roscas, panecillos, etc., pero sin olvidar el pan integral y el pan campesino. Una sugerencia: tostar rebanadas de pan sobre las brasas, rociarlas todavía calientes con un buen aceite de oliva y salar, ¡sencillamente delicioso! O bien, partir panecillos por la mitad, untarlos con mantequilla, unir de nuevo las mitades rellenas con abundante queso rallado y ponerlos al grill hasta que el queso se funda.

Naturalmente, tampoco deben faltar las patatas, asadas, por ejemplo, en papel de aluminio: cepillar bien unas patatas harinosas, hacerles un corte en forma de cruz y envolverlas en papel de aluminio engrasado. Asar sobre las brasas 45-60 minutos (según el tamaño) (para probar el punto, pinchar con un palillo a través del papel de aluminio). A continuación, abrir el papel de aluminio y apretar las patatas desde abajo. Poner un poco de mantequilla en el centro (o de vinagreta con ajo, receta página 113) y comer inmediatamente con cuchara. Un buen acompañamiento de los asados son también las patatas chips, patatas paja y demás aperitivos, que pueden servirse fríos o calentados en papel de aluminio sobre las brasas.

Ensalada tejana de maíz

Ingredientes para 6 personas: 300 g de granos de maíz, de lata; 300 g de judías pintas, de lata; 1 pimiento verde; 2 cebollas; 1 ramito de perejil; 125 g de pierna de vaca asada o de roastbeef; 4 cucharadas de vinagre de vino tinto; sal; pimienta negra recién molida; pimienta de Cayena; 1 pellizco de azúcar; 6 cucharadas de aceite; la cuarta parte de una escarola. 280 calorías por persona aproximadamente.

• Esta ensalada debe reposar 1 hora como mínimo antes de añadir la escarola.

Así se prepara: Escurrir el maíz y las judías. Lavar el pimiento y cortarlo en aros finos. Pelar las cebollas, lavar el perejil y picar ambos muy fino. Cortar el asado o el roastbeef en tiras.

Los invitados se entretienen en el bufé de las ensaladas mientras se asa la carne.

Ensaladas y otras guarniciones

Mezclar todos los ingredientes. • Mezclar el vinagre con sal, pimienta, pimienta de Cayena y el azúcar hasta que se hayan disuelto la sal y el azúcar. Añadir gota a gota el aceite y mezclar esta salsa con los ingredientes de la ensalada. Dejar reposar. • Entre tanto, limpiar, lavar y escurrir la escarola, cortándola a continuación en tiras. • Agregar a la ensalada de maíz y servir inmediatamente.

Ensalada Niza

Ingredientes para 4 personas: 300 g de judías verdes (pueden ser congeladas); sal; 1/2 lechuga; 250 g de patatas cocidas y peladas; 4 tomates; 1 cebolla; 4-6 filetes de anchoa; 16 aceitunas negras; 2 cucharadas de alcaparras; 2-3 cucharadas de vinagre de vino; pimienta negra recién molida; 1 buen pellizco de hierbas provenzales; 1 diente de ajo; 6 cucharadas de aceite de oliva; 1 ramito de perejil.
425 calorías por persona aproximadamente.

Así se prepara: Cocer las judías verdes en agua salada sin que queden demasiado blandas, refrescar con agua fría, escurrir y dejar enfriar. Limpiar la lechuga, lavarla y, una vez seca, cortarla en trozos. Partir las patatas en rodajas, pelar los tomates y partir cada uno en 8 trozos, pelar la cebolla y cortarla en aros. Lavar con agua fría los filetes de anchoa y dejarlos escurrir junto con las aceitunas y alcaparras. Mezclar todos los ingredientes. • Mezclar el vinagre con sal, pimienta y las hierbas secas. Pelar el ajo, machacarlo y agregarlo al aliño junto con el aceite. Lavar y picar el perejil y añadirlo a la ensalada junto con el aliño. • Servir inmediatamente, ya que, de lo contrario, la ensalada se pone lacia.

Variantes: La ensalada Niza se puede preparar de muchas formas, por ejemplo, con pimientos verdes, huevos cocidos, aceitunas verdes o trocitos de atún en aceite.

Ensalada de pepino con queso de oveja

Ingredientes para 4 personas: 1 pepino; 300 g de queso de oveja; 50 g de hojas de hierbabuena frescas; 3 cucharadas de vinagre de vino blanco; sal; 1 cucharadita de azúcar; pimienta negra recién molida; 6 cucharadas de aceite de oliva.
415 calorías por persona aproximadamente.

Así se prepara: Lavar muy bien el pepino bajo el grifo, a ser posible con agua caliente, secarlo y cortarlo en rodajas muy finas. Poner las rodajas de pepino en una fuente y desmigajar por encima el queso de oveja. Lavar y secar las hojas de hierbabuena y añadirlas a la ensalada. • Remover el vinagre con sal y el azúcar hasta que ambos se hayan disuelto. Moler pimienta por encima y mezclar con el aceite de oliva. • Verter este aliño sobre la ensalada y no remover hasta el momento de servir.

Ensalada de rábanos con espinacas

Ingredientes para 4 personas: 3-4 ramitos de rábanos; 200 g de hojas de espinacas frescas; 1 chalota o 1 cebolla muy pequeña; 1 yogur; 1 cucharada de nata líquida; el zumo de 1/2 limón; sal; 1 pellizco de azúcar; 1 punta de cuchillo de pimentón dulce.
70 calorías por persona aproximadamente.

Así se prepara: Quitar las raíces y hojas de los rábanos, lavarlos a fondo, secarlos y cortarlos en láminas finas. Escoger las hojas de espinaca, lavarlas y cortar los tallos largos. Secar con un paño de cocina o con un aparato especial para centrifugar la ensalada. Poner en una fuente. • Pelar la cebolla o chalota y picarla muy fino (casi rallada). Mezclar el yogur y la chalota o

La ensalada de pepino con queso de oveja conquista por su frescura aromática.

Ensaladas y otras guarniciones

cebolla con la nata líquida, el zumo de limón, sal, azúcar y pimentón. • Verter el aliño sobre la ensalada, servir y no remover hasta que esté en la mesa.

Ensalada de arroz oriental

Ingredientes para 4 personas: 150 g de arroz de grano largo; 1/2 pollo asado; 1/2 repollo; 1 tubérculo de hinojo; 1 naranja; 1 manzana; 2 plátanos; el zumo de 1 limón; 1 cucharada de vinagre aromático; pimienta blanca recién molida; jengibre molido; 1 pellizco de azúcar; pimienta de Cayena; 1-2 cucharaditas de curry; 50 g de mayonesa; 1 yogur descremado; 2 cucharadas de nata líquida; 2 cucharadas de mango; 40 g de avellanas saladas; 1 chorro de salsa de soja dulce.
560 calorías por persona aproximadamente.

• Dejar reposar la ensalada durante 2 horas.

Así se prepara: Cocer el arroz en agua salada 15 minutos aproximadamente, de modo que no quede demasiado blando. Refrescar con agua fría, escurrir y dejar enfriar. • Quitar la piel y los huesos del pollo asado y cortarlo en trozos. Lavar el repollo y el hinojo y cortarlo en tiras. Pelar la naranja, manzana y plátanos y partirlos en dados, quitando las semillas de la manzana y naranja. Rociar inmediatamente toda la fruta con zumo de limón y mezclarla a continuación con el arroz, junto con el pollo, el repollo y el hinojo. • Mezclar el vinagre con sal, pimienta, jengibre, azúcar, pimienta de Cayena y curry hasta que se hayan disuelto la sal y el azúcar. Añadir la mayonesa, el yogur, la nata y el mango picado y dejar reposar la ensalada en el aliño. • Picar las avellanas. Espolvorear la ensalada con las avellanas y rociar con un poco de salsa de soja.

Ensalada veraniega

Ingredientes para 6 personas: 1 lechuga; 1 repollo pequeño; 1 manojo de rábanos; 1 pepino; 2 tomates medianos; 2 cebollas rojas; 2 cucharadas de vinagre de jerez; 2 cucharadas de jerez seco; sal; pimienta blanca recién molida; 4 cucharadas de aceite de oliva; 1 ramito de berros.
125 calorías por persona aproximadamente.

Así se prepara: Lavar la lechuga y el repollo y cortarlos en trozos pequeños una vez secos. Lavar los rábanos y el pepino y cortarlos en rodajas. Lavar los tomates y partir cada uno en ocho trozos. Pelar las cebollas y cortarlas en aros. Disponer todos los ingredientes en una fuente. • Mezclar bien el vinagre con el jerez, sal y pimienta, añadir poco a poco el aceite y verter sobre la ensalada. • Espolvorear con las hojas de berros y no remover hasta que se vaya a servir.

Ensalada Atenas

Ingredientes para 4 personas: 1 lechuga; 1/2 escarola; 2 naranjas; 10 aceitunas negras; 1 cucharada de vinagre de vino blanco; el zumo de 1 naranja; sal; pimienta blanca recién molida; 1 pellizco de azúcar; 1-2 cucharadas de aceite.
215 calorías por persona aproximadamente.

Así se prepara: Lavar la lechuga y la escarola y trocearlas una vez secas. Pelar cuidadosamente las naranjas, cortarlas en rodajas y partir éstas por la mitad, recogiendo en un plato el jugo. Escurrir las aceitunas y añadirlas a la ensalada junto con las naranjas. • Mezclar el vinagre con el zumo de naranja y añadir sal, pimienta y el azúcar. Agregar el aceite. Mezclar el aliño con la ensalada y servir.

La ensalada veraniega (arriba) y la ensalada Atenas (abajo) son dos guarniciones para asados jugosos.

Ensaladas y otras guarniciones

Pepinos rellenos

Ingredientes para 4 personas: 4 huevos; 400 g de patatas; 400 g de chuletas de Sajonia en una pieza (sin huesos); 4 pepinos medianos; perejil, cebollino y eneldo; 2 hojitas de levístico fresco; 1/2 yogur; 3 cucharadas de nata líquida; sal; pimienta blanca recién molida; 1 pellizco de azúcar; 1 cucharadita de mostaza picante; 1 chorro de vinagre de vino.
590 calorías por persona aproximadamente.

• La ensalada debe reposar 20 minutos antes de rellenar los pepinos.

Así se prepara: Cocer los huevos 12 minutos en agua hirviendo, refrescar con agua fría y dejar enfriar. • Lavar a fondo las patatas y cocerlas con piel 20-25 minutos, según el tamaño. • Mientras se cuecen las patatas, partir las chuletas de Sajonia en daditos pequeños. Lavar los pepinos, secarlos y partirlos por la mitad a lo largo. Sacar toda la pulpa y picarla en trozos pequeños. Pelar los huevos ya fríos. Refrescar las patatas bajo el chorro de agua fría y pelarlas. Partir en dados los huevos y las patatas aún calientes y mezclarlos con los trocitos de pepino. • Lavar las hierbas, secarlas, picarlas finamente y mezclarlas con el yogur. Añadir la nata, sal, pimienta, el azúcar, la mostaza y el vinagre de vino. Mezclar bien. Repartir este aliño sobre la ensalada, mezclar bien y dejar reposar. • Rectificar de sal y pimienta si es necesario y, en el momento de servir, rellenar los pepinos, secados con un paño y condimentados con sal y pimienta.

Variante: Sustituir las chuletas de Sajonia por jamón de York o embutido de lengua ahumado.

Pepinos rellenos, una guarnición tan inusitada como excelente.

Ensaladas y otras guarniciones

Pan con foiegras y ajo

Ingredientes para 10 personas: 2 barras de pan grandes; 1/2-1 cabeza de ajo; 300 g de mantequilla; sal; 400 g de foiegras de ternera; 1 copita de coñac (2 cl); 1 ramillete de hierbas variadas; 1-2 cucharadas de alcaparras; 1/2 cucharadita de pasta de anchoas; pimienta negra recién molida.

495 calorías por persona aproximadamente.

Así se prepara: Hacer un corte profundo en las barras de pan cada 2-3 cm, pero sin llegar al fondo. • Separar los dientes de ajo, pelarlos y machacarlos bien. Mezclar el ajo con 250 g de mantequilla y un buen pellizco de sal. Untar esta mezcla en los cortes de una de las barras. • Batir el foiegras con el coñac y el resto de la mantequilla hasta formar una crema. Lavar y secar las hierbas, escurrir las alcaparras. Picar ambas finamente y mezclarlas con el foiegras. Condimentar con la pasta de anchoas, pimienta y un poco de sal si es necesario. Rellenar con esta mezcla la segunda barra de pan. • Envolver cada barra en un trozo de papel de aluminio y asarlas sobre el grill caliente unos 20 minutos, dando la vuelta con frecuencia. Quitar el papel de aluminio y dejar que el pan tome color dejándolo unos 10 minutos al borde del grill.

Variante: El pan de barra puede rellenarse de muchas formas: untar los cortes con mantequilla a las hierbas o mantequilla con anchoas, condimentar la mantequilla con tomate concentrado, pimentón dulce y salsa de Tabasco, o utilizar manteca de ganso condimentada con ajo o cebolla. También es excelente el relleno de mantequilla mezclada con queso rallado. Si se va a asar el pan relleno por raciones, hacer un paquete con cada dos rebanadas untadas con embutido o mantequilla.

El pan con foiegras y ajo ayuda a entretener la espera.

Ensaladas y otras guarniciones

Ensalada de pasta con verduras veraniegas

Ingredientes para 4 personas: 300 g de espirales de pasta; sal; 300 g de guisantes y zanahorias mezclados (pueden ser congelados); 2 pimientos morrones; 2 pepinillos; 1 cebolla; 2 huevos cocidos; 1/2 puerro pequeño; 50 g de mayonesa; 1 yogur; 4 cucharadas de nata líquida; 2 cucharadas de vinagre; pimienta blanca recién molida; pimentón dulce; 1 ramito de cebollino.
575 calorías por persona aproximadamente.

Así se prepara: Cocer la pasta en agua hirviendo con sal según indique el paquete, aproximadamente 15 minutos; a continuación, refrescarla con agua fría y dejarla escurrir. Del mismo modo, cocer, refrescar y escurrir la verdura. Mezclar la pasta y la verdura cuando estén frías. • Escurrir los pimientos morrones y los pepinillos, pelar la cebolla y los huevos y picar todo ello en trozos muy pequeños. Lavar el puerro y cortarlo en aros finos. Añadir estos ingredientes a la ensalada. • Mezclar la mayonesa con el yogur y la nata líquida y condimentar con el vinagre, sal, pimienta y pimentón. Mezclar esta salsa con la ensalada. Meter la ensalada en el frigorífico y dejarla reposar hasta el momento de servir.
• Espolvorear con el cebollino picado cuando se vaya a servir.

Ensalada de patatas a la bávara

Ingredientes para 4 personas: 750 g de patatas; sal; 2 cebollas; 1/2 ramito de perejil; 7 cucharadas de caldo de carne caliente; 3 cucharadas de vinagre de vino; pimienta blanca recién molida; 3 cucharadas de aceite; 1 ramito de cebollino.
215 calorías por persona aproximadamente.

• La ensalada debe reposar un mínimo de 2 horas antes de servirla.

Así se prepara: Cocer las patatas bien lavadas en agua salada de manera que no queden demasiado blandas. • Refrescarlas con agua fría, pelarlas y cortarlas en rodajas cuando estén todavía calientes. Pelar las cebollas, lavar el perejil, picar ambos y añadirlos a las patatas.
• Mezclar el caldo con el vinagre, sal, pimienta y aceite y verterlo sobre la ensalada caliente. Enfriar revolviendo a menudo y dejar reposar.
• Rectificar de sal y servir la ensalada espolvoreada con el cebollino picado.

Patatas con queso y nata

Ingredientes para 4 personas: 8 patatas; sal; 2 cucharadas de aceite; 100 g de Roquefort; 1 cucharada de mantequilla; 3 cucharadas grandes de queso fresco; pimienta blanca recién molida; 1 pellizco de pimienta de Cayena y otro de nuez moscada rallada; 1 ramito de cebollino; sal gorda; pimentón dulce.
420 calorías por persona aproximadamente.

Así se prepara: Lavar las patatas y secarlas. Hacer en cada patata un corte lateral que llegue hasta más allá del centro y frotar con sal. • Envolver cada patata en papel aluminio untado con aceite y asar unos 45 minutos al borde de las brasas. • Separar las patatas en dos mitades y quitar un poco de pulpa de cada una de ellas. Aplastar bien esta pulpa, añadir el Roquefort, la mantequilla, el queso fresco y las especias y remover hasta que quede una mezcla cremosa. Rectificar de sal. Picar fino el cebollino y agregarlo a la mezcla. Volver a introducir la mezcla en las mitades de patatas y apretar ligeramente cada 2 mitades unidas. • Envolver de nuevo las patatas rellenas en papel aluminio, espolvorear con sal gruesa y pimentón y asar otros 15-20 minutos al borde de las brasas.

Las patatas con queso y nata son deliciosas.

Salsas, adobos y aliños

El lema que afirma que al buen cocinero se le conoce por la salsa es también válido para los asados al grill: mediante salsas, adobos y aliños puede darse un carácter muy particular a estos platos (y a todas las guarniciones). Piénsese, por ejemplo, en un jugoso filete sobre el que se derrite un trocito de mantequilla. O en un tomate al grill con un seductor aroma a aceite de oliva y ajo. En el capítulo siguiente se describen una serie de salsas que se sirven con el asado ya hecho, así como adobos o aliños en los que se aromatiza previamente lo que se va a asar. Con algunos de ellos se pueden preparar salsas exquisitas añadiendo unos cuantos ingredientes y casi todos destacan particularmente por su aroma. Estamos seguros de que cada persona encontrará el más apropiado para sus gustos personales y para cada ocasión. Lo importante es utilizar siempre productos de la mejor calidad: solamente aceite de primera clase, vinagre aromático y hierbas y especias frescas. Si se utilizan hierbas y especias en conserva, comprobar que no lleven demasiado tiempo almacenadas, ya que suelen perder el aroma o estropearse. La pimienta (tanto blanca como negra) debe añadirse siempre recién molida, ¡la diferencia se nota! Sería una lástima que un asado de primera calidad (y además, caro) tuviera un sabor rancio por culpa de las especias empleadas. Casi todas las salsas, adobos y aliños (excepción: los que llevan nata montada, ya que se cortan con suma facilidad) pueden prepararse con suficiente antelación, de manera que en el momento de asar no hace falta ocuparse en absoluto de ellos. Por otra parte, la industria alimentaria ofrece un amplísimo surtido de salsas preparados, aliños para condimentar, etc., que pueden utilizarse como vienen o aprovecharse para crear interesantes composiciones propias (lo que nos parece mejor idea).

Mayonesa a las hierbas

Ingredientes para 4 personas: 100 g de mayonesa; 1 yogur desnatado; sal; pimienta blanca recién molida; 1 pellizco de azúcar; 1 punta de cuchillo de mostaza en polvo; 1 buen chorro de salsa Worcester; 1 diente de ajo; 1 cebolla pequeña; 2 ramilletes de hierbas variadas.
165 calorías por persona aproximadamente.

Así se prepara: Mezclar bien la mayonesa con el yogur y condimentar con sal, pimienta, azúcar, mostaza en polvo y salsa Worcester.
• Pelar el diente de ajo y la cebolla, machacar el ajo. Lavar y secar las hierbas. Picar finamente la cebolla y las hierbas. Añadir todo a la mayonesa. • Reservar la salsa en sitio frío hasta el momento de servir.

Combina bien con: pescados de todo tipo, patatas asadas al grill y ensaladas sustanciosas.

Alioli

Ingredientes para 4 personas: 4-6 dientes de ajo; sal; pimienta blanca recién molida; 1 cucharadita de zumo de limón; 100 g de mayonesa; 2 cucharadas de yogur desnatado.
135 calorías por persona aproximadamente.

Así se prepara: Pelar y machacar los dientes de ajo. Añadir sal, pimienta y el zumo de limón y remover hasta formar una pasta. Agregar la mayonesa cucharada a cucharada y el yogur.

Combina bien con: pescado, filetes y ensaladas, también con patatas, cebollas y berenjenas asadas al grill.

Salsas, adobos y aliños

Mantequilla a elegir

Ingredientes para 24 personas:
Mantequilla con cebolla: *100 g de mantequilla blanda; 2 cebollas rojas; 1 cucharadita de ginebra; sal; salsa Worcester; pimienta blanca recién molida.*
Mantequilla con naranja: *100 g de mantequilla blanda; el zumo de 1/2 naranja; la corteza rallada de 1 naranja grande; sal; 1 chorro de Cointreau.*
Mantequilla con tomate: *100 g de mantequilla blanda; 1 cucharada de tomate concentrado; 2 cucharadas de pimentón dulce; sal; pimienta de Cayena; 1 pellizco de azúcar.*
Mantequilla con mostaza: *100 g de mantequilla blanda; 2 cucharadas de mostaza picante; 2 yemas de huevo cocidas; el zumo de 1/2 limón; sal; pimienta blanca recién molida; 1 pellizco de azúcar; sal de apio.*
Mantequilla a las hierbas: *100 g de mantequilla blanda; 1-2 ramilletes de hierbas variadas; 1 cucharadita de zumo de limón; sal; pimienta blanca recién molida.*
Mantequilla con caviar: *100 g de mantequilla blanda; el zumo de 1/2 limón; sal; pimienta blanca recién molida; 1 cucharada de caviar.*
Mantequilla con anchoas y ajo: *100 g de mantequilla blanda; 2 cucharaditas de pasta de anchoas; 2-3 dientes de ajo; pimienta blanca recién molida; 1/2 ramito de eneldo.*
295 calorías por persona aproximadamente.

• La mantequilla para el grill se puede preparar varios días antes y conservarse en el frigorífico o en el congelador. Sin embargo, en el momento de servirse deberá estar a la temperatura ambiente, ya que, de lo contrario, enfría demasiado los asados.

Así se prepara: Para la mantequilla con cebolla, mezclar la mantequilla blanda con la cebolla

La mantequilla para el grill con distintos condimentos no debe faltar en ninguna fiesta.

Salsas, adobos y aliños

rallada o picada muy fina y condimentar con los ingredientes restantes hasta que quede picante.
• Para la mantequilla con naranja y con tomate, mezclar muy bien todos los ingredientes indicados. • Para la mantequilla con mostaza, batir primero la mantequilla con la mostaza; a continuación, pasar las yemas por un tamiz, mezclar y condimentar bien. • Para la mantequilla a las hierbas, picar primero las hierbas bien lavadas y secas, mezclándolas a continuación con todos los demás ingredientes y la mantequilla. • Para la mantequilla con caviar, batir muy bien la mantequilla con el zumo de limón, un poco de sal (el caviar ya está salado) y algo de pimienta. Añadir el caviar con cuidado, ya que no debe aplastarse. • Para la mantequilla con anchoas y ajo, mezclar la pasta de anchoas con la mantequilla blanda. Pelar el ajo y machacarlo. Añadir a la mantequilla el ajo, la pimienta y el eneldo picado.

Adobo de tomate y guindilla

Ingredientes para 4 personas: 1/8 l de zumo de tomate; 4 copitas de Sangrita picante (8 cl); sal; pimienta negra recién molida; 1 pellizco de azúcar; 2-3 guindillas secas sin pepitas; 1-2 dientes de ajo; 1 buen pellizco de albahaca y orégano seco; 5 cucharadas de aceite. 135 calorías por persona aproximadamente.

Así se prepara: Mezclar el zumo de tomate con la Sangrita y todas las especias. Pelar y picar el ajo y agregarlo al adobo, junto con las hierbas y el aceite.

Combina bien con: carne de vaca, cordero y cerdo, lonchas de tocino y costillas.

Variante: Salsa de tomate superpicante
Mezclar el adobo con queso fresco.

Adobo de vino y pimienta

Ingredientes para 4 personas: 1/4 l de vino blanco seco; 4 cucharadas de vinagre de vino blanco; sal; 1 pellizco de azúcar; 2 cucharadas de pimienta verde; 2 hojas de laurel 1/2 ramito de eneldo; 1 cebolla pequeña; pimienta blanca recién molida; 5 cucharadas de aceite. 180 calorías por persona aproximadamente.

Así se prepara: Mezclar el vino con el vinagre, la sal y el azúcar. Picar los granos de pimienta verde, trocear el eneldo y cortar la cebolla en aros. Añadir a la mezcla del vino junto con la pimienta y las hojas de laurel. Por último, mezclar el aceite.

Combina bien con: pescado, aves, carne de cordero y de cerdo adobada. Para adobar carne, prescindir de la sal.

Variante: Adobo de vino y limones
Sustituir la pimienta verde por 1-2 limones cortados en rodajas y utilizar pimienta de limón en lugar de pimienta blanca.

Adobo chino

Ingredientes para 4 personas: 10 cucharadas de arrac (vino de arroz) o de jerez seco (fino); 4 cucharadas de salsa de soja; pimienta negra recién molida; 1 pellizco de comino estrellado y otro de jengibre, molidos; 1 cucharadita de Sambal Olek; 3 cucharadas de aceite de nueces. 115 calorías por persona aproximadamente.

Así se prepara: Mezclar el vino de arroz o el jerez con la salsa de soja y las especias y añadir el aceite gota a gota.

Combina bien con: pescados, crustáceos y platos fuertes a base de carne de cerdo. En pequeñas cantidades puede utilizarse también para condimentar arroz o patatas.

Salsas, adobos y aliños

Mostaza especial grill

Ingredientes para 20 personas:
Mostaza Cumberland: *1 frasco de mostaza semipicante; 1/2 frasco de jalea de grosellas; 2 cucharadas de catchup; 1 chorro de vinagre de vino tinto; jengibre en polvo.*
Mostaza a las hierbas: *1 ramillete de hierbas variadas; 1 diente de ajo; 1 cebolla pequeña; 1 frasco de mostaza a las hierbas; 1 pellizco de azúcar; 1 chorro de vinagre.*
Mostaza con manzana: *2 manzanas ácidas (tipo reineta); el zumo de 1/2 limón; 1 frasco de mostaza picante; 1 cucharada de rábano picante rallado; 1 pellizco de azúcar; 2-3 cucharadas de nata líquida.*
Mostaza con curry y mango: *3 cucharadas de mango; 1 frasco de mostaza semipicante; 1 cucharada de miel; el zumo de 1/2 limón; 1-2 cucharaditas de curry; pimienta blanca.*
75 calorías por persona aproximadamente.

Así se prepara: La mostaza Cumberland, se mezcla con la jalea de grosellas hasta formar una pasta lisa. Añadir el catchup, vinagre y condimentar con jengibre. • Para la mostaza a las hierbas, lavar, secar y picar las hierbas. Pelar el diente de ajo y la cebolla y rallar o picar muy fino la cebolla y machacar el ajo. Mezclar ambos ingredientes con las hierbas y la mostaza y condimentar con azúcar y vinagre. • Para la mostaza con manzana, pelar las manzanas y quitarles las semillas, rallarlas y mezclarlas con el zumo de limón. Mezclar esta masa con la mostaza, añadir el rábano picante, el azúcar, y la nata líquida para «quitar picante». • Para hacer la mostaza con curry y mango, picar finamente éste, mezclar la mostaza con la miel y el zumo de limón, añadirla y condimentar todo con curry y pimienta.

Combina bien con: salchichas y asados ricos en grasa; filetes, costillas y chuletas.

La mostaza especial grill proporciona una nota picante incluso a los asados más sencillos.

Salsas, adobos y aliños

Vinagreta al ajo

Ingredientes para 4 personas: 3 cucharadas de buen vinagre de vino; sal; 1 pellizco de azúcar; pimienta negra recién molida; 2 cucharadas de mostaza; 4-5 cucharadas de aceite de oliva; 3-4 dientes de ajo; 2 ramilletes de hierbas variadas; 1 cebolla; 2 pepinillos; 1 cucharadita de alcaparras; 2 huevos cocidos.
175 calorías por persona aproximadamente.

Así se prepara: Batir el vinagre con la sal, el azúcar y la pimienta hasta que se hayan disuelto la sal y el azúcar. Añadir la mostaza y el aceite, mezclando bien. Pelar el ajo, machacarlo y agregarlo a lo anterior. Lavar las hierbas, pelar la cebolla, escurrir los pepinillos y las alcaparras y pelar los huevos. Picar todo muy fino y mezclarlo con la vinagreta.

Combina bien con: carne, pescado y todas las ensaladas.

Salsa de mango

Ingredientes para 4 personas: 1 lata de mangos; 3 cucharadas de cebollitas en vinagre muy pequeñas; 2-3 cucharadas del líquido del frasco de cebollitas; 3 cucharadas de miel; 1/2 cucharadita de mostaza en grano; sal; pimienta blanca recién molida; jengibre molido.
165 calorías por persona aproximadamente.

Así se prepara: Escurrir los mangos, picarlos en trozos no muy pequeños y ponerlos en un recipiente junto con el jugo de la lata, las cebollitas (las más grandes habrá que picarlas), el líquido de las cebollitas y la miel. Cocer 3 minutos con los demás ingredientes, rectificar de sal y reservar en sitio fresco hasta el momento de servir.

Combina bien con: carne de ternera, aves, pescado y filetes, así como con toda clase de pinchitos variados.

Adobo diabólico

Ingredientes para 4 personas: 6 cucharadas de catchup; 2 cucharadas de salsa de soja y 2 de vinagre de vino tinto; 1-2 cucharadas de miel; pimienta negra recién molida; pimienta de Cayena; curry; 1 cucharada de pimentón dulce; 1 cucharadita de pimentón picante; 2-3 guindillas; 1-2 dientes de ajo.
80 calorías por persona aproximadamente.

Así se prepara: Mezclar el catchup con la salsa de soja, el vinagre y la miel y condimentar con las especias hasta que pique. Quitar las semillas de las guindillas y picarlas, pelar el ajo y machacarlo. Agregar las guindillas y el ajo al adobo.

Combina bien con: carne de vaca y de cerdo, que se adobará varias horas según tamaño. Si se desea servir el adobo diabólico como salsa, deberá «suavizarse» con nata líquida o mayonesa.

Guarnición de queso de oveja

Ingredientes para 4 personas: 100 g de queso de oveja fresco; 2 cucharadas de aceite de oliva; 1 chorro de vinagre; sal; pimienta blanca recién molida; 1-2 dientes de ajo; 1/8 l de nata líquida; 1 cucharada de alcaparras; 1 pepinillo; 1 pimiento morrón pequeño; 5 aceitunas negras.
290 calorías por persona aproximadamente.

Así se prepara: Aplastar el queso con un tenedor y mezclarlo con el aceite, el vinagre, la sal y la pimienta hasta formar una pasta. Pelar el ajo, machacarlo y añadirlo a la pasta. Montar la nata. Escurrir los ingredientes restantes y picarlos muy fino. Mezclar todo con el queso, junto con la nata montada.

Combina bien con: pescado al grill, carne de cordero y de vaca, ensaladas verdes y pepinos.

◁ De arriba abajo: adobo diabólico, salsa de mango, guarnición de queso de oveja y vinagreta al ajo.

Hierbas y especias

Ya sabemos que, por el simple hecho de asarlos al grill, los alimentos despliegan un aroma inimitable, pero esto no es suficiente para los auténticos paladares refinados, y los amantes del grill somos paladares refinados. Por esta razón condimentamos los asados. Los adobamos, rellenamos y untamos, y los servimos con distintas salsas y guarniciones para sacar de ellos el mayor partido y placer posibles.

Gracias a la variada gama de especias, aliños, salsas, catchups e ingredientes similares, tenemos la posibilidad de acentuar a voluntad cada matiz de sabor y de proporcionar a cada plato una nota especial. Tampoco ha existido nunca una variedad tan grande de vinagres y de aceites como hoy. Piénsese sino en los vinagres de jerez o los aromatizados con estragón, pimienta, frambuesa, naranja o miel, y en la selección de aceites de nuez, avellanas, semillas de uva o los aromatizados con hierbas, sin contar las distintas clases de aceite de oliva. No obstante, como estos aceites y vinagres sólo pueden obtenerse por el momento en tiendas muy bien surtidas o en secciones especializadas de los grandes almacenes, en la mayoría de las recetas nos hemos limitado a indicar el uso de aceite o vinagre, lo que no significa que un determinado plato no pueda prepararse con un aceite o un vinagre especial para darle un sabor distinto.

Mención aparte merecen aquí las hierbas, que tanto contribuyen a enriquecer las posibilidades de condimentación. Se pueden comprar durante todo el año frescas o congeladas; algunas incluso se congelan una vez secas. Durante la temporada, las hierbas frescas pueden congelarse fácilmente y, en invierno, la mayoría de ellas incluso cultivarse en el interior en macetas. Las hierbas secas, de las que existe asimismo una oferta tan amplia como variada, deben usarse siempre con más moderación que las frescas, pues su aroma puede ser hasta cuatro veces más intenso. Si se desea aromatizar con ellas salsas, adobos u otros líquidos, conviene remojarlas primero en unas gotas de vinagre, zumo de limón o vino, ya que de este modo tienen un sabor más fresco.

La gran oferta de especias no es, sin embargo suficiente para lograr un buen resultado. Afortunadamente, no existe una especia universal para todos los platos; un «sabor único» para todo tampoco sería deseable. Cada hierba y cada especia tiene su aroma y sabor específicos y van por tanto muy bien con unos platos determinados y peor con otros. Para descubrir qué aromas armonizan con otros, hay que conocerlas bien y comprobar primero el aspecto y la consistencia y, a continuación, el olor. Para ello, triturar una pequeña cantidad entre los dedos y tratar de absorber su aroma. Por último, probar el sabor. Esta prueba debe hacerse con todas las especias y hierbas, a ser posible varias veces, ya que sólo la práctica hace al maestro. Al principio, es preferible quedarse corto a pasarse con la dosificación; el tacto necesario en la punta de los dedos sólo se desarrolla con el tiempo. La misión de los condimentos es resaltar el sabor propio de los alimentos, no esconderlo con un aroma extraño.

A continuación hemos incluido una relación de las hierbas y especias que más se utilizan para asar al grill. No se han ordenado según la frecuencia de su utilización, sino por orden alfabético, con el fin de facilitar su localización.

Ajedrea. Debido a su sabor picante, ligeramente ardiente, es más bien una hierba para guarniciones que para asados al grill, ya que el calor intenso no le va bien. Proporciona un sabor interesante a las judías verdes, patatas, platos a base de setas, y también el tocino. Añadirla siempre al final, en pequeñas cantidades y muy picada.

Ajo. Condimento de la familia de las bulbosas que tiene una apreciación muy variable. Hay quien no puede soportar su olor y sabor

Hierbas y especias

penetrantes, y hay quien lo considera el condimento por antonomasia y lo utiliza en las cantidades correspondientes. Se puede utilizar tanto en platos a base de carne —especialmente cordero—, pescado y aves, como en salsas, ensaladas, platos a base de patatas y mezclas para condimentar. El aceite y el vinagre que se utilizan para asar al grill se condimentan a menudo con ajo, con el que también se mechan o se frotan muchos alimentos. Durante el proceso de asado no debe quedar directamente en la superficie, ya que se vuelve amargo. Machacarlo en su lugar con un poco de sal y servirlo sobre el asado caliente con o sin mantequilla. Quien aprecie el sabor, pero no su olor persistente, puede condimentar con sal de ajo, que se vende ya preparada, o bien recurrir a los dientes de ajo en conserva.

Albahaca. Las hojas de albahaca, pequeñas y delicadas, tienen un sabor muy aromático y fresco, y recuerdan ligeramente el aroma áspero de la pimienta. La albahaca es el condimento típico de los tomates, pero combina también muy bien con la carne de cordero, ternera y cerdo, proporcionando, además, un aroma muy refinado a salsas y ensaladas. Puede ponerse sobre lo que se ase a la parrilla, reservando siempre unas hojitas como adorno.

Borraja. Al igual que la ajedrea, no se pone directamente sobre el grill. Mezclada con ensalada de pepinos y salsas con hierbas, yogur y mostaza resulta un complemento excelente de platos a base de carne de vaca, embutidos y pescado.

Cardamomo. Esta especia, que se vende en grano y molida, recuerda la repostería de Navidad. En los platos al grill se utiliza ocasionalmente en adobos o salsas con base de tomate o curry, así como para condimentar aves.

Cebollino. Combina con todos los platos en los que se utiliza cebolla o en los que ésta iría bien. Resulta particularmente aromático en todas las ensaladas y salsas frescas y resulta muy adecuado con pescado, huevos y carne. No obstante, no debe entrar nunca en contacto con el grill caliente.

Cilantro. Se utiliza sobre todo para repostería de especias y dulces similares. Para asar al grill puede utilizarse en cantidades mínimas en salsas o platos con embutido, pero siempre muy moderadamente.

Comino. No tiene un papel decisivo en la cocina al grill. Solamente se utiliza en algunas guarniciones, por ejmplo, con patatas asadas o salsas con requesón. Las flores de la planta pueden utilizarse para aromatizar las brasas, lo que se recomienda en algunos platos a base de pescado.

Curry. Se trata de una mezcla de especias cuyo grado de picante varía según el fabricante. Por lo general se condimentan con curry los platos de pescado y de aves, pero también la carne de cerdo, la fruta y muchas salsas y ensaladas.

Enebro. En la cocina se utilizan normalmente las bayas secas, presentes en muchos adobos y mezclas de condimentos para platos de carne y pescado. Si se dejan carbonizar sobre las brasas una cuantas ramas de enebro (con o sin bayas) se logra una variante de sabor interesante, ya que los asados adquieren un aroma ahumado.

Eneldo. Esta hierba fresca armoniza bien con cualquier plato de pescado, con carne de cordero y con chuletas y costillas de cerdo. No obstante, no debe ponerse nunca en contacto directo con el calor del grill. Como relleno, en adobos y aliños, o protegido entre distintos ingredientes, por ejemplo en pinchitos, proporciona un gran aroma a los asados. Puede

Hierbas y especias

utilizarse asimismo en salsas, ensaladas y platos a base de patatas. Las semillas de eneldo secas esparcidas sobre las brasas proporcionan un aroma ahumado.

Espliego. Esta hierba semiamarga, de agradable aroma, parece haber pasado un poco de moda, si bien proporciona un sabor refinado a platos a base de cordero y aves, así como a salsas con hierbas. Debe usarse con moderación.

Estragón. Su aroma áspero, ligeramente mordiente, es muy intenso, por lo que debe utilizarse con moderación. Las hojas de estragón van muy bien con aves, pescado y carne de ternera, así como con el cordero y con ensaladas muy aromáticas. Se utilizan igualmente para enriquecer aliños para ensaladas y mezclas de mantequilla.

Hierbabuena. Por su sabor ligeramente refrescante se añade con frecuencia a platos a base de cordero, aves, pescados y salsas. A algunas personas les gusta en pequeñas cantidades en filetes y carne de ternera. Debe dosificarse siempre con moderación y no ponerse nunca sobre las brasas, ya que entonces se vuelve amarga y recuerda a hierba seca.

Hierbajuana. Su sabor es muy intenso, por lo que debe dosificarse con moderación. Un pellizco de hierbajuana, no obstante, va muy bien en platos grasos como los que llevan anguila, panceta de cerdo, ganso o pato. No debe ponerse sobre las brasas, ya que el calor seco la vuelve amarga. Es más apropiada para condimentar rellenos, aliños y adobos.

Hinojo. El aroma y el sabor son ligeramente dulces y parecidos al anís. Por esta razón, la hierba fresca se utiliza a menudo en platos a base de pescado y carne de ternera, así como en salsas y ensaladas. Esparcidas en las brasas, las flores secas proporcionan un humo aromático.

Jengibre: Dosificarlo con moderación, ya que su aroma fuerte, casi ardiente, predomina con facilidad sobre todos los demás. Se vende molido y en forma de frutos confitados. A veces pueden obtenerse también las raíces frescas. Su sabor armoniza sobre todo con aves, pescado y carne de cerdo, y en cantidades sumamente pequeñas también con ternera. Por otra parte, da sabor a salsas, ensaladas y adobos, y ocasionalmente se emplea también para condimentar platos de caza.

Laurel. Tiene su puesto fijo en muchos aliños y adobos, así como en platos de pescado y muchas recetas de caza. Se utilizan las hojas secas (enteras o partidas), que aromatizan intensamente. Son fuertes y resistentes, por lo que pueden ponerse sobre las brasas.

Levístico. Su sabor sumamente intenso a caldo de carne y a condimento para sopa ha hecho que en algunos países se le conozca por el nombre de «hierba Maggi». Debe utilizarse sólo en cantidades muy pequeñas, ya que su fuerza aromática es muy intensa. Combina muy bien con ensaladas y salsas muy aromatizadas, pero también la carne de cerdo, el cordero y algunos platos a base de aves ganan bastante con él.

Mejorana. Esta hierba de sabor intenso armoniza con asados fuertes de ganso y pato, embutidos, carne picada y platos a base de patatas. Algunas personas aprecian también la mejorana con la carne de cerdo, y en pequeñísima cantidad, en platos a base de hígado.

Melisa. Las hojitas trituradas huelen fuertemente a limón, por lo que proporcionan una nota fresca y ligeramente amarga a la carne de ternera, aves, platos de caza, setas y todas las ensaladas y salsas frescas. La melisa no debe exponerse al calor directo del grill, ya que se quema con facilidad.

Hierbas y especias

Orégano. Se llama también mejorana salvaje y, como ésta, puede ponerse directamente al grill. Armoniza excelentemente con platos a base de carne de cordero y de cerdo, así como con todas las hortalizas. También ganan con el orégano las ensaladas y salsas, y muy especialmente los platos en los que intervenga el tomate.

Perejil. Si hay una hierba omnipresente en la cocina, ésa es el perejil. Al menos como adorno, aparece en casi todos los platos. Se obtiene durante todo el año y va bien con casi todos los platos fríos y calientes.

Perifollo. Su aspecto recuerda al perejil muy fino, pero el sabor se parece más bien al anís y es muy aromático. Las hojitas delicadas se queman rápidamente sobre el grill, por lo que se utilizan para aromatizar salsas, ensaladas, mezclas de mantequilla o aliños. También resulta exquisito como guarnición fresca de los asados.

Pimienta. Especia imprescindible en la cocina, tanto en su variedad blanca como negra. Debe aplicarse siempre recién molida, ya que sólo de este modo despliega todo su aroma. Hoy día puede adquirirse también en cualquier tienda de alimentación pimienta verde, ya sea en salmuera o congelada seca. Su sabor es más suave y fresco que el de la pimienta blanca o negra. Solamente en establecimientos muy bien surtidos existe la pimienta rosa, que en realidad no es auténtica pimienta. Los granos en salmuera o congelados secos tienen un aroma delicado particularmente refinado, y combinan muy bien con platos festivos.

Pimienta de Cayena. Siempre que se utilice con suma moderación, va bien con casi todos los platos al grill y guarniciones. Incluso las frutas dulces obtienen un toque especial con ella. Puesto que pica terriblemente, debe añadirse en cantidades mínimas. En forma líquida se conoce con el nombre de salsa de Tabasco, que es igualmente picante, pero a veces resulta más fácil de repartir. Para evitar el peligro de una condimentación excesiva, puede utilizarse chili en polvo, que es una mezcla de distintos condimentos con un alto porcentaje de pimienta de Cayena.

Pimentón. Existe en diversas graduaciones de picante. El pimentón va bien con todos los platos de carne y pescado, incluidos los de ave y caza. El polvo seco no debe entrar en contacto directo con el calor del grill, ya que, al quemarse, desarrolla un sabor amargo. Por esta razón, debe mezclarse siempre con grasa. Muchas salsas y ensaladas son inimaginables sin pimentón.

Pimpinela. Esta hierba, de sabor ardiente y aromático, que recuerda un poco al pepino, no se encuentra habitualmente en las tiendas, sino tan solo en herbolarios. Va muy bien con todas las salsas a base de hierbas, ensaladas frescas y platos de pescado. No debe ponerse sobre el grill.

Romero. Pertenece a los condimentos típicos del grill, ya que el calor no le perjudica, sino que resalta aún más su aroma. El romero refina el sabor de la carne de cordero, vaca, cerdo, aves y vísceras, así como el de salsas con hierbas y ensaladas. Si se introducen 1 ó 2 ramas de romero en buen aceite de oliva se obtiene un aceite aromático de primera clase.

Sal. Hablar aquí de la sal puede parecer un absurdo a primera vista, ya que su uso está tan generalizado que muchos platos, por ejemplo los picantes, son impensables sin ella. Sin embargo, la sal posee una propiedad que se olvida a menudo: absorbe humedad. Esta es la razón de que los asados se salen siempre al final, pues sólo así se evitara la pérdida del jugo.

Hierbas y especias

Las excepciones son solamente los pescados, las aves enteras con piel y algunas hortalizas. Ningún plato de carne, y especialmente las vísceras deben tener contacto con la sal durante el asado. Y, por supuesto, no debe añadirse nunca a las salsas y condimentos que ya la contengan.

Salvia. Se mezcla a menudo con el romero, ya que su sabor ligeramente amargo armoniza muy bien con el sabor aromático de éste. Con salvia se condimentan sobre todo la carne de ternera, pescados, aves y vísceras. A no ser que se desee preparar un plato típico con salvia, por ejemplo, hígado de ternera con salvia, debe dosificarse con moderación.

Tomillo. Posee propiedades excelentes para el grill, tanto si se utiliza para condimentar como si se deja arder sobre las brasas. Su fuerza aromática es grande en ambos casos, por lo que debe dosificarse con moderación. Puede utilizarse para refinar platos de hígado o de carne picada, platos a base de cordero, aves, pescado, caza o carne de vaca, o para condimentar ensaladas y salsas frescas añadiendo unas hojitas.

Para terminar, vamos a revelar una idea magnífica a la que hemos dado el nombre de «condimentador para el grill».
• Poner 3 ó 4 gasas del tamaño de un pañuelo una encima de otra sobre una mesa.
• Colocar en el centro una cebolla grande picada y 3 ó 4 dientes de ajo, 1 ramita de perejil picado, un buen pellizco de romero, tomillo y orégano, 2 cucharaditas de pimentón dulce, 1 cucharada de pimienta verde picada gruesa, 1 buen pellizco de pimienta de Cayena o unas guindillas secas trituradas.
• Mezclar suavemente estos ingredientes y atar fuertemente las gasas alrededor del mango de una cuchara de madera. Introducir el condimentador varias horas, o toda la noche, en

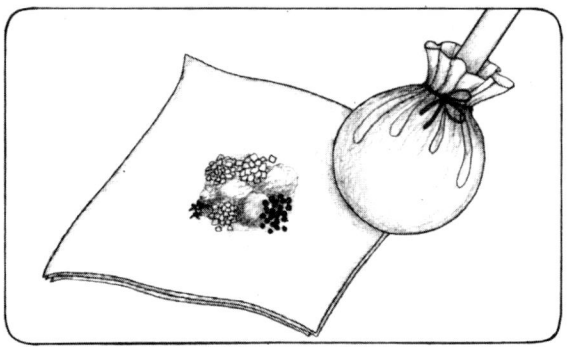

Si se asa al grill a menudo, fabricarse un condimentador; no hay nada más práctico.

buen aceite de oliva para que los condimentos puedan desplegar su aroma.
Untar el material a asar (las más apropiadas son las piezas grandes) antes y durante el proceso de asado con el condimentador escurrido. Si se va a utilizar varias veces, prescindir de la cebolla, ya que no se conserva mucho tiempo.

Las materias primas

Con tan solo echar una ojeada a este libro se obtiene una idea muy clara de la gran cantidad de alimentos susceptibles de ser asados al grill. Carne, pescado, aves, hortalizas, salchichas no hay casi nada que no gane en calidad y aroma al asarse al grill, ya que este procedimiento intensifica y subraya las sustancias aromáticas propias de cada alimento. Lo importante es utilizar siempre productos de gran calidad. Un trozo de carne dura difícilmente se convertirá en mantequilla por el mero hecho de asarla al grill. A lo sumo, adobándola y cociéndola lentamente se hará comestible, lo que en ningún caso puede lograrse con los breves tiempos de preparación utilizados en la cocina al grill. Así pues, adquirir siempre la mejor materia prima, lo que no quiere decir que tenga que ser la más cara. Una chuleta de cerdo, una loncha magra de panceta o las costillas de cerdo no son caras en absoluto y asadas al grill resultan sencillamente exquisitas. Tener un paladar delicado no significa dilapidar, sino aprender a preparar lo mejor posible incluso las cosas más sencillas.

La carne ocupa, sin duda, el puesto de honor. Las sustancias que, al tostarse, desprenden sus proteínas producen el típico sabor de asado a la parrilla. Aunque ciertamente son muy numerosas, no todas las piezas de carne son apropiadas para el grill. En el capítulo dedicado a los distintos tipos de carne se explica detalladamente cuáles son, ya que sólo conociendo perfectamente los productos puede prepararse adecuadamente un asado al grill.

Empecemos con la compra. La frase «comprar carne es una cuestión de confianza» sigue teniendo validez hoy día, pues no todas las piezas que parecen tiernas lo son realmente. La cría y la edad de un animal son tan importantes como el tipo y la duración de la madurez. Y, como mínimo igual de importante, es el corte; un filete puede cortarse de varias piezas y siempre se llama filete. Por esta razón, al comprar hay que mencionar siempre el nombre de la pieza, por ejemplo un filete de solomillo, de lomo o de cadera. Los filetes de la pierna son mucho más baratos, por lo que suelen encontrarse en oferta. Sin embargo, estos filetes no pueden ser nunca tan tiernos como los de solomillo, por ejemplo, cuya estructura fibrosa es mucho más fina. Si no se es un gran entendido, lo mejor es dejarse aconsejar por el carnicero, al que, lógicamente habrá que explicar cómo va a prepararse la pieza o qué plato va a cocinarse con ella. Por esta razón, la compra debe realizarse siempre, a ser posible, en el mismo establecimiento, ya que sólo así el carnicero conocerá las preferencias de cada cliente y si se desea algo especial tratará de proporcionárselo. Esto cuesta tiempo y dinero y, por ello, la carne de la carnicería es a menudo algo más cara que la que se encuentra ya empaquetada en los supermercados. Aunque en estos últimos se venden también carne de gran calidad, por lo general suele servir mejor el carnicero habitual, a no ser que se tenga tanta práctica que por el aspecto se sepa ya para qué puede servir cada pieza de carne. La proporción entre grasa y músculo no es el único factor decisivo de la calidad, sino también el grosor y el recorrido de las fibras, el color de los músculos y de la grasa, la capacidad de resistencia a la presión y las superficies de corte.

Un consejo: comprar en un comercio especializado y tomarse todo el tiempo necesario. El disgusto por un asado correoso o un filete seco es tan desagradable como innecesario.

Carne de vacuno

Ideal para asar al grill por su elevado contenido en proteínas y sustancias minerales y la escasa proporción de grasa. Pero también aquí hay diferencias. La gama de carne de vacuno incluye

Las materias primas

carne de novillas, es decir, de vacas de menos de un año; de añojo, es decir, de vacas de más de un año, y de toros jóvenes y viejos. La carne de buey, esto es, de animales castrados, se vende como tal y es muy apreciada, siempre que el animal no fuera demasiado viejo. La carne de ternera, o sea, de los animales muy jóvenes, se clasifica aparte. ¿Cómo puede distinguirse la carne de los distintos animales? En general, los animales jóvenes son siempre más tiernos que los viejos, y su carne muestra una tonalidad más clara. Cuanto más viejo es el animal, más oscuro es el color de la carne, más amarillenta la grasa y más gruesas las fibras.

Empecemos por las novillas. Su carne es de color rojo claro y la grasa blanca. Los cartílagos son moldeables y las fibras de la carne todavía muy delicadas (más delicadas que las de los toros jóvenes). A diferencia de la carne de ternera, que se encoge al asarla, la de novilla se extiende incluso un poco, de forma que el trozo parece más grande una vez hecho.

La carne y la grasa de las vacas jóvenes es algo más oscura y las fibras están más desarrolladas. No utilizar nunca para asar al grill la carne de vacas viejas, ya que, después de la de los toros viejos, es la que posee fibras más gruesas. Son vacas que se han reservado para la producción lechera y que sólo se sacrifican a edades avanzadas. Esta carne nunca se pondrá tierna sobre el grill y sólo resulta comestible preparándola en cazuela, si bien la mayoría de las veces se destina a embutido. La mejor carne de vacuno es la de los bueyes jóvenes. Sus fibras son muy finas y, por tanto, muy tiernas. Las delgadas vetas de grasa que las rodean hacen que la carne resulte especialmente jugosa. La carne de un animal joven se distingue muy pronto de la de otro viejo por el color y por el resultado final, ya que la carne de bueyes viejos se encoge fácilmente.

En algunas carnicerías se vende carne de vacuno importada de Argentina y Nueva Zelanda, que resulta particularmente adecuada para asar al grill. Es jugosa y tierna y tiene un sabor muy aromático. En estos países se crían razas especiales que proporcionan una carne excelente debido a sus condiciones biológicas. Por otra parte, los animales se crían más tiempo para que produzcan suficiente carne. Se ceban hasta que alcanzan un peso aproximado de 500 kg, mientras que aquí un animal raramente alcanza los 300 kg, pues suelen sacrificarse con 260 a 280 kg. Las vacas argentinas y neozelandesas se crían además en grandes praderas (casi inexistentes en Centroeuropa), de lo que resulta una carne con un sabor de primera clase. Por último, los animales se despiezan de otra forma y, como consecuencia, los filetes son más grandes que lo habitual entre nosotros. Pero de esto hablaremos más adelante.

Sea cual sea la carne de vacuno que se compre, debe estar bien colgada, es decir, madura (en la carne importada casi siempre es así debido al transporte prolongado). La carne de vacuno recién sacrificada es correosa; necesita de 8 a 10 días como mínimo para ponerse tierna y resultar digestiva. Por ello, hay que tener precaución cuando la carne presenta un aspecto rojo brillante, ya que seguramente no ha estado bien colgada. Durante el proceso de maduración, las fibras se oscurecen hasta adquirir un color azulado-violeta muy característico.

En general, las piezas preferidas son las magras, y de ahí la gran demanda y el alto precio del solomillo y el roastbeef. Para asar al grill es, sin embargo, preferible que la carne tenga un ligero veteado de grasa, que proporciona un aroma intenso y evita que la carne se reseque.

La pieza más tierna del vacuno es el solomillo. Para asar al grill, se corta en filetes de unos 2 cm de grueso que nunca deben pesar menos de 150 g, aunque lo mejor es que pesen 200 g. Una excepción son los tournedós, que se cortan del extremo más delgado del solomillo y

Las materias primas

pesan de 100 a 125 g. Generalmente se envuelven en lonchas de tocino para evitar que se sequen. El filete más grande del solomillo se denomina Chateaubriand. Este se corta del centro de la pieza y pesa alrededor de 400 g. Debe reposar una vez asado y se corta oblicuamente a las fibras. Un Chateaubriand con guarniciones es suficiente para 2 ó 3 personas.

Antes de asarlos al grill, los filetes de solomillo se untan muy bien con aceite para que permanezcan tiernos y jugosos. Se deben asar con calor intenso al principio y algo más moderado después. Los filetes (todos, no sólo los de solomillo) deben quedar siempre algo rosados por dentro (el grado de asado es una cuestión de gusto personal), ya que si están completamente pasados se resecan. Antes de cortarlos, como todos los asados, deben reposar un poco para que los jugos puedan repartirse en el interior y no se salgan. Durante este tiempo de reposo, el calor de las capas exteriores penetra al interior sin asar más la carne.

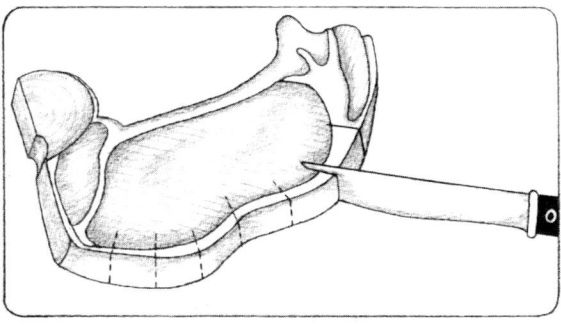

Practicar varios cortes en los bordes de grasa, antes de poner la carne en la parrilla para evitar que se contraiga por la acción del calor intenso.

Tan apreciado como el solomillo (o incluso más que éste a decir de los expertos, debido a su mayor aroma) es el lomo o roastbeef, que puede asarse entero o en filetes. De su parte posterior (hacia la pierna) se saca el llamado rumpsteak o filete de lomo, que pesa unos 200 g. Un buen filete de lomo debe tener un borde de grasa blanco, en el que, antes de asarlo al grill, se practican varios cortes para que la carne no encoja con el calor y se pase uniformemente. Del lomo se obtiene también el entrecôte, que suele pesar unos 180 g y se asa como el rumpsteak. El entrecôte doble pesa aproximadamente 400 g y se corta del centro del lomo plano. También en este caso debe cortarse el tendón de la parte superior para que la carne no encoja durante el asado.

Las piezas más caras, como el solomillo y el lomo, no son las únicas idóneas para asar al grill. Muy apropiado resulta también el chuletón de vacuno o de buey, que tiene 5 a 6 cm de grosor, pesa alrededor de 1,2 kg y se corta del costillar alto. Gracias al hueso, y a que está ligeramente entreverado, su sabor es particularmente intenso. Las sales minerales almacenadas en el hueso intensifican el aroma y, después, el hueso protege la carne del calor demasiado intenso. También aquí deben hacerse unos cuanto cortes en el borde de grasa. Parecidos al chuletón de buey son los filetes gigantes, que se obtienen aplicando la técnica de corte inglesa y americana y que actualmente se venden en algunas carnicerías. No obstante, estas piezas deben encargarse casi siempre con anterioridad y con frecuencia se venden congeladas. El más conocido de estos filetes gigantes es el Porterhouse, que se corta del centro del lomo. Se compone de una parte de lomo con hueso y de una porción grande de solomillo. A diferencia de éste, el llamado T-Bone Steak tiene una proporción menor de solomillo, del que carece en absoluto el Club Steak. Así pues, si el lomo se corta a la manera inglesa o americana, al chuletón de buey le siguen el Club Steak, T-Bone Steak y Porterhouse Steak y a continuación, el Sirloin Steak, Pinbone, Flat bone y Wedge Bone Sirloin Steak, que no existen entre nosotros.

Las materias primas

Muy ocasionalmente se encuentra el Sirloin Steak, que pesa alrededor de 2 kg.

También son buenos para asar al grill la cadera y el rabo, que normalmente se cortan en filetes. Estas piezas deben macerarse varias horas, o toda una noche, en aceite (o aceite condimentado), para que las fibras se pongan más tiernas y los filetes resulten más jugosos.

Carne de ternera

La carne de ternera no es precisamente la mejor para asar al grill. Por ser tan tierna y magra, existe el riesgo de que se reseque y se vuelva fibrosa. Las piezas más ricas en grasa, como la aguja o el cuello sí, son, en cambio, apropiadas. Las piezas pequeñas, como, por ejemplo, trozos de solomillo en pinchitos o filetes delgados de la pierna, resultan exquisitos asados al grill. Todas ellas deben envolverse en tocino o untarse frecuentemente con grasa para que queden jugosas. Los asados grandes de carne de ternera se hacen mejor en cazuela.

Muy buenas para asar al grill resultan también las patas de ternera. Por una parte, la piel evita que se resequen, y por otra, contienen gran número de proteínas gelificantes que retienen el jugo en la carne. Junto a ellas, las vísceras de ternera ocupan asimismo un lugar destacado. Más información sobre este tema en la página 128.

Si, por razones dietéticas, se prefiere la carne de ternera, utilizar un grill eléctrico, ya que sobre las brasas de carbón vegetal pueden formarse sustancias desagradables.

Este tipo de carne queda asimismo muy sabrosa si se asa envuelta en papel de aluminio.

Carne de cerdo

Comparada con las demás clases de carne, la de cerdo es la que más se consume superando con mucho a la de vacuno, ternera o cordero. No hay que olvidar que todos los embutidos se componen en gran parte de carne de cerdo y que en muchos hogares el asado de los domingos es un asado de cerdo. La carne de cerdo tiene cualidades extraordinarias para asar al grill, ya que es bastante grasa, lo que en las preparaciones restantes constituye un inconveniente además de un enemigo de la línea. Pero para asar al grill, la grasa es una ventaja, ya que evita que la carne se reseque, proporciona aroma y hace que resulte siempre jugosa. Por otra parte, el hecho de que no se elimine para asarla no significa que haya que comerla. Parte de la grasa se derrite además por sí sola debido al calor intenso del grill.

Puesto que hablamos de grasa, empezaremos por la parte más grasa del cerdo, la panceta. Se considera como carne barata debido a su escasa demanda, pero asada al grill es algo especial. Cortarla en lonchas finas, untarlas con una mezcla de mostaza, rábano picante rallado, zumo de limón y pimienta de Cayena y asarlas hasta que se pongan crujientes. Durante los últimos minutos pueden rociarse con cerveza. A continuación, salar rápidamente y servir de inmediato. Nadie pensará que algo tan exquisito pueda ser tan barato.

Muy económicas resultan asimismo las costillas, que se untan con salsa picante, se asan al grill y se comen simplemente con la mano. En los restaurantes mexicanos suelen ser bastante caras, pero hechas en casa no cuestan mucho.

La carne de cerdo no se compone sólo de piezas baratas; piénsese, por ejemplo, en las chuletas, el solomillo o los filetes.

Un solomillo de cerdo al grill es una de las especialidades más refinadas; es tierno, jugoso y, desgraciadamente, siempre demasiado pequeño. Puesto que carece casi de grasa, debe frotarse cuidadosamente con aceite o envolverse con lonchas de tocino antes de exponerlo al

Las materias primas

calor intenso. El solomillo de cerdo es también ideal para preparar pinchitos, que, por supuesto, necesitan igualmente una delgada protección de grasa. Como ya hemos indicado anteriormente, dejar la sal para lo último (las pocas excepciones se indican en el lugar correspondiente).

El lomo y la aguja de cerdo son asimismo piezas excelentes para asar al grill. El lomo puede asarse entero al espetón o en un cestillo especial y resulta particularmente sabroso si se le frota o rellena con hierbas o mezclas de especias o se adoba previamente. Aunque puede asarse con huesos o deshuesado, es preferible conservar los huesos, ya que el sabor es así más intenso. El lomo ahumado al estilo de Sajonia también puede asarse al grill; no obstante algunos científicos opinan que al asar carne ahumada se forman sustancias cancerígenas. Si, a pesar de ello, no se quiere renunciar al ahumado al grill, envolver la carne en papel de aluminio (a ser posible en trozos pequeños, ya que, de lo contrario, tarda demasiado) y calentarla al grill.

La aguja de cerdo, la pieza entre el cuello y el lomo, es muy parecida a la pieza de las chuletas, aunque está más entreverada de grasa y su aspecto no es tan redondo, sino más bien alargado. Algunos expertos prefieren la carne de aguja entreverada porque desprende muchas sustancias aromáticas al asarse al grill. Se vende de distintas formas, incluso con corteza y huesos. En este último caso, hacer unos cortes en forma de rombos en la corteza para que la grasa pueda escapar. La corteza se pone muy crujiente al grill y como la grasa sobrante se retira posteriormente con suma facilidad, debe asarse siempre junto con la carne. De la parte de la aguja se cortan también las chuletas, que se venden con hueso y deshuesadas, resultando más aromáticas las primeras.

El jamón, para muchos la pieza principal y más valiosa del cerdo, puede asarse al grill antes de ahumarlo o secarlo al aire. Se puede asar la pieza toda entera o bien cortada en filetes.

Los trozos del pernil, deben estar recubiertos por una delgada capa de tocino. Si no es así, untar el asado varias veces con un poco de aceite, ya que la carne de esta zona es muy magra.

Muy apreciados son los rollos de cerdo rellenos, que pueden prepararse con cualquiera de las piezas mayores descritas más arriba. Pedir al carnicero que abra la carne y rellenarla como se prefiera. Sujetar con palillos o, mejor aún, coser la abertura, ya que, de lo contrario, podría salirse parte del relleno por la acción del calor. Muy aromático, y además barato, es el rollo de cerdo hecho con panceta. Comprar piezas muy delgadas y rellenarlas con cualquiera de las múltiples posibilidades. Si son

Los rollos rellenos son uno de los placeres especiales del grill; se pueden preparar con muchas piezas.

gruesas, pedir al carnicero que las abra. Dar unos cortes en la corteza. Asada al grill se pone más crujiente que en el horno o en cazuela.

Si se desea algo más fuerte, deberían probarse las manitas de cerdo al grill, que resultan especialmente crujientes al espetón. Si se asan sobre la parrilla, darles la vuelta a menudo. Las manitas de cerdo tienen fibras relativamente

Las materias primas

firmes, por lo que requieren un tiempo de asado prolongado. Por esta razón, muchas veces se cuecen primero en un caldo de vino y especias y después se tuestan al espetón. Previamente se frotan con manteca de cerdo y se untan con una mezcla de ajo machacado, pimienta y un poco de pan rallado. Si se desea, se puede añadir también un poco de queso parmesano rallado.

Sea cual sea la pieza de cerdo que se vaya a preparar, ésta tiene que ser fresca. Su mejor aroma lo tiene 3 días después de la matanza. Si se va a asar al grill, empezar con calor intenso para que se cierren los poros y continuar con una temperatura más moderada. A diferencia del vacuno, la carne de cerdo debe pasarse por entero y, por esta razón, no necesita reposar antes de trincharla. Las chuletas o los filetes pueden cortarse inmediatamente, y aunque los asados más grandes no necesitan tiempo de reposo, tampoco les perjudica. La carne de cerdo experimenta una mayor pérdida de peso asada al grill que frita en la sartén, lo que carece de importancia, ya que una parte del peso perdido se compone de grasa, y ésta sólo perjudica a la silueta.

Una especialidad aparte lo constituye el cochinillo, prototipo de una barbacoa por todo lo alto. Puede prepararse con o sin relleno y es suficiente para un gran número de invitados. Por desgracia no puede prepararse entero en un grill pequeño, ya que se necesita una superficie amplia con brasas muy duraderas. Antes de ponerlo en el espetón, debe condimentarse muy bien por dentro para que el sabor no resulte aburrido. La corteza no sólo protege el interior de la desecación, sino que además impide que penetren los condimentos. El cochinillo debe sujetarse muy bien al espetón. Esto es muy importante, ya que en un animal entero el peso no está tan uniformemente repartido como en los demás asados. Para ello, pinchar el espetón atravesando la columna vertebral y apretar bien las pinzas en la cabeza y en las patas traseras. Proteger con papel de aluminio las partes más sensibles al calor, como orejas, rabo y patas, y retirarlo poco antes de terminar de asarse para que se tuesten debidamente. Con ayuda de una brocha untar a menudo el cochinillo con el jugo que va goteando en un recipiente. Si el cochinillo se asa directamente sobre las brasas, utilizar aceite condimentado para untarlo, pero teniendo cuidado de que ni el jugo de la carne ni el aceite las inflamen. Poco antes de terminar el tiempo de asado, rociar el cochinillo con agua muy salada o cerveza para que la corteza se ponga muy crujiente.

Carne de cordero

El cordero al grill es un bocado exquisito al que pocos gourmets pueden resistirse. Hace algún tiempo, la carne de cordero no gozaba de buena fama, pero hoy esto ha cambiado, ya que lo que actualmente se vende en las carnicerías es carne de corderos jóvenes y no de carneros viejos que ya han llevado muchos años «la lana al mercado». Estos últimos tienen un sabor demasiado intenso y a veces algo seboso. La carne de los animales viejos se reconoce por el color oscuro y la grasa amarillenta, por lo general bastante abundante. Los animales jóvenes tienen la carne de color rojo brillante y la grasa blanca, que se desprende con facilidad. En algunos supermercados es posible encontrar cordero congelado. No obstante, la calidad del cordero español es proverbial (¿quién no ha oído hablar del que se cría en la provincia de Segovia?) y, siempre que se pueda, sería preferible tomarlo fresco. Normalmente, la mejor edad para sacrificar un cordero es de seis meses a un año, cuando la carne es ya muy aromática y la grasa escasa y todavía blanda.

Muy apreciadas son las chuletas de cordero, que se venden por separado o dobles (chops). Estas últimas se cortan del lomo entero, lo que significa que el hueso central es la columna

Las materias primas

vertebral y a la izquierda y derecha de ésta se encuentran las partes carnosas. Las chuletas dobles tienen un sabor excelentes, ya que son condimentadas de forma natural por el hueso y por la médula que se encuentra en su interior. Si se quitan los huesos del lomo y se corta la carne en filetes gruesos, se obtienen asados particularmente refinados. Estas piezas se asan sólo hasta obtener un tono rosado, como toda la carne de cordero. Al fin y al cabo, el cordero pertenece a las carnes rojas, en las que no sólo se desca saborear el jugo, sino también verlo.

Como ya se ha dicho, la carne de cordero puede asarse a la parrilla en forma de trozos finos. En este caso, se deben asar también los bordes de grasa, ya que la carne de cordero procede de animales jóvenes y es muy tierna. La grasa no es muy digestiva, por lo que no debe comerse, mientras que la carne puede consumirse con toda tranquilidad.

La carne de cordero se sirve siempre inmediatamente después de asada al grill. Tiene que estar muy caliente; de lo contrario, parte de la grasa derretida se adhiere a las fibras y perjudica el sabor. Por esta razón debe servirse, a ser posible, en platos calientes.

Tampoco hay que despreciar un gran asado de cordero. Pensemos en una pierna jugosa condimentada con romero y ajo, o en un lomo rosado con hierbas provenzales, tomates asados y judías verdes. Igualmente exquisitos son los rollos asados, con o sin relleno, que suelen cortarse de la espalda deshuesada. Los asados de cordero grandes pueden hacerse al espetón, o también en cestillos especiales. Este aparato tiene la ventaja de que gira siempre uniformemente, mientras que un asado mal pinchado corre el riesgo de recibir más calor en unas partes que en otras, porque tiende a caerse hacia el lado más pesado. Al igual que la carne de vacuno, la de cordero debe reposar un rato antes de trincharse, pues, de lo contrario, se pierden los deliciosos jugos, y por supuesto, sólo se sala al final. Esta norma es también aplicable a los filetes gruesos y chuletas, ya que la sal se disuelve de inmediato sobre la superficie caliente y penetra en el interior con el jugo de la carne.

La carne de cordero adquiere un matiz muy particular si durante el proceso de asado se espolvorean en las brasas unas cuantas agujas de romero secas, tomillo seco o hierbas especiales para el fuego (ver página 11).

Aves

Las aves son, sin duda, la carne más apropiada para ser asada al grill. Prueba de ello es que hasta en los pueblos más pequeños existen asadores de pollos. Incluso aunque gran parte de su éxito se deba a que evita el trabajo de cocinar a las amas de casa muy atareadas, hay que admitir que las aves asadas resultan deliciosas. Y decimos pueden porque no todos los pollos asados mantienen lo que prometen. Los pollos cebados rápidamente y empapados de agua antes de congelar no pueden tener un sabor delicioso. Pero, afortunadamente, existen también calidades magníficas que no tienen por qué ser caras. Al comprar aves, debe indagarse si proceden de un criadero o de una granja, donde suelen ser alimentadas con grano y se les permite picotear el suelo buscando gusanos, insectos y raíces. Estas últimas tienen que tener mejor sabor por fuerza, ya que se han criado por si solas, mientras que los animales procedentes de criaderos altamente tecnificados han sido cebados con pienso y saben peor.

Dejemos a un lado el tema de la calidad y fijémonos en las propiedades que hacen que las aves resulten tan sabrosas asadas al grill. Ello se debe en primer lugar a la piel y a la grasa subyacente, que rodean y protegen la delicada piel de estos animales. Por esta razón, hay que procurar siempre que la piel no se rompa

Las materias primas

durante el asado, ya que el jugo se saldría irremediablemente. Si se asan aves al espetón, éste debe introducirse en la carne con un único movimiento, ya que si se realizan varios intentos, se estropea la piel. Cuando la piel forma burbujas, significa que el calor inicial era demasiado elevado. Las aves no deben pincharse nunca, sino tan solo untarlas con grasa para que no revienten. Sólo así el asado permanece tierno y jugoso por dentro.

Dado que la piel constituye una buena protección, las aves enteras se salan y condimentan antes de asarlas, por dentro y por fuera. Durante el asado se untan varias veces con aceite, y un poco antes del final, también con mantequilla para mejorar el sabor. Pollos, pulardas, patos y gansos están protegidos por una capa de grasa suplementaria debajo de la piel. Los pichones, pintadas y pechugas de pavo se envuelven en tocino, ya que su carne es muy magra. Las lonchas de tocino deben retirarse siempre unos minutos antes de terminar el tiempo de asado a fin de que estas partes se doren también, untándolas previamente con mantequilla. En la página 135 se encuentran indicaciones sobre los tiempos de asado de las aves.

Los animales enteros pueden asarse en el espetón giratorio, para lo cual se sujetan las alas y las patas al cuerpo con ayuda de pinzas suplementarias o bramante.

Las piezas sueltas son también excelentes para asar al grill. Muslos, pechugas (con o sin huesos) y filetes pueden comprarse por separado. Untarlas con grasa, aplicándola a menudo durante el asado en las caras internas desprovistas de piel.

Las aves asadas al grill son muy ligeras y pobres en calorías, lo que satisface plenamente las exigencias de la dietética moderna. Por esta razón se incluyen también en muchos regímenes. Por otra parte, la carne de ave armoniza con muchos sabores, tanto con los agridulces como con los picantes.

Caza

En círculos gastronómicos se discute a menudo la cuestión de si la caza puede o no asarse al grill. Ciertamente, no todos los tipos de caza son adecuados para la parrilla. La caza, tanto la mayor como las aves, es sumamente tierna y tiende a secarse con gran rapidez. Incluso cuando está mechada, debe untarse casi constantemente con grasa, pues, de lo contrario, se vuelve fibrosa y dura. Antes de picotear sin ganas un trozo de caza caro y duro, es preferible asar salchichas.

No obstante, también en este caso hay excepciones. Por ejemplo, las piernas y los lomos de animales jóvenes pueden asarse al grill sin mayores problemas, siempre que se preparen adecuadamente:

En primer lugar, la carne debe adobarse hasta 5 días, ya que esto la ablanda y acorta el tiempo de asado. A continuación debe secarse bien y mecharse, o mejor aún, envolverse en tocino. El

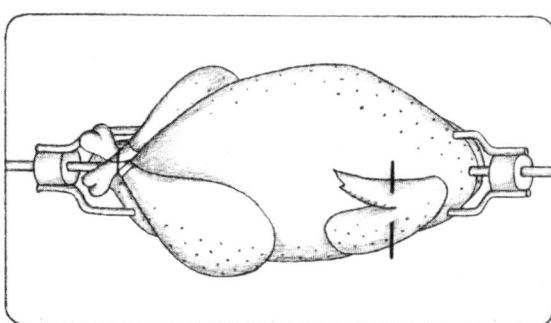

Las aves deben sujetarse muy bien al espetón para que puedan girar sin dificultad y asarse uniformemente.

Las materias primas

tocino no debe faltar nunca en las aves, pues aunque estén rodeadas por una piel protectora, son tan magras como la caza mayor.

Para asar a la parrilla sólo son apropiados los filetes de corzo y ciervo muy bien colgados y las chuletas de jabalí, siempre de animales jóvenes. Estas piezas necesitan asimismo mucha grasa para no dar lugar a asados decepcionantes.

El papel de aluminio presta en este caso una ayuda muy valiosa, sobre todo cuando no se tiene demasiada experiencia con la caza o con el grill, y más aún, cuando ambos son una novedad. No nos cansaremos, sin embargo, de repetir que la caza depara en ocasiones sorpresas desagradables, y comer caro y mal es lo peor que puede sucederle a un gastrónomo.

Carne picada

Posiblemente, a más de un lector le habrá llamado la atención el hecho de que el recetario de este libro no incluya ningún plato a base de carne picada. Esta omisión no es casual, sino plenamente consciente y no porque personalmente no nos guste la carne picada, que, por supuesto, nos parece excelente, ¡siempre que no haya que asarla al grill! Demasiadas veces nos han servido hamburguesas, albóndigas, etc. que, debido a su elevada proporción de aglutinante (pan, harina, pan rallado, patatas, arroz, o lo que quiera que fuese), sabían más a fécula que a carne y hacían todos los honores al nombre de «panecillos camuflados». Casi con la misma frecuencia hemos observado cómo una masa de carne, que tenía un sabor delicioso en crudo, se convertía en migas y se carbonizaba en las brasas. Por mucho amor que se tenga a los platos preparados al grill, no puede extraerse ningún placer culinario ni de unas ni de otra. Puesto que es completamente imposible dar datos exactos en las recetas de carne picada, hemos prescindido de ellas. No puede afirmarse de manera general qué cantidad de pan aglutina 500 g de carne picada de manera que quede ligada pero no apelmazada. Factores como el contenido de humedad de la carne (que oscila según la clase y calidad), el tamaño y la frescura de los huevos y las características del grill determinan el resultado más o menos bueno. Incluso un «tartar» compuesto exclusivamente de carne de vacuno magra puede presentar grados de humedad variables, que dependen, entre otras cosas, de la edad del animal y del tiempo que lleve sacrificado.

Aunque ya conocemos que unos grills son más adecuados que otros para asar distintos tipos de carne o de pescado, en el caso concreto de la carne picada, hasta la humedad del aire desempeña un papel importante. Un ambiente muy seco contribuye a que las superficies exteriores se vuelvan frágiles, y con un ambiente muy húmedo, la carne no se aglutina bien y se pega a la parrilla.

La carne picada requiere mucha experiencia y habilidad para que la masa tenga la aglutinación correcta y al mismo tiempo resulte ligera. En cualquier caso, es mejor prepararla en la sartén o envuelta en papel de aluminio, y para ello no hacen falta recetas especiales para el grill, sino que sirven las masas de carne corrientes. Si, a pesar de todo, se quiere preparar carne picada en el grill de carbón vegetal, recomendamos añadir 1 panecillo remojado y 1 huevo por cada 500 g de carne picada, condimentarla como de costumbre y formar bolitas o piezas alargadas. Espolvorear éstas con harina, untarlas con clara de huevo batida, espolvorearlas con otro poco de harina y dejar reposar alrededor de 1/2 hora; a continuación, untarlas muy bien con aceite y ponerlas sobre el grill igualmente bien aceitado (a ser posible de rejilla estrecha). Darles la vuelta con sumo cuidado, ya que sería una lástima que tanto esfuerzo quedara reducido a cenizas.

Las materias primas

Vísceras

El corazón de todo gourmet late más deprisa al nombrarlas, pues correctamente preparadas, las vísceras se cuentan entre los placeres más distinguidos que pueden imaginarse. De entre ellas, la más apropiada para asar al grill es el hígado. Según el gusto y el bolsillo se puede elegir entre hígado de ternera (el más tierno, y también el más caro), de vaca y de cerdo. Se asa en filetes o cortado en dados, en pinchitos. Los higaditos de pollo o de otras aves resultan igualmente apropiados. Sea cual sea el tipo de hígado elegido, debe limpiarse muy bien. Hay que retirar todas las venas, restos de piel, etc., ya que hacen que el asado resulte correoso. Lo mismo cabe decir de los riñones. Una vez limpios, deben dejarse en remojo para que se suavice su sabor intenso. Los riñones, como el hígado, requieren grasa durante el asado para no resultar secos. Untar bien los trozos con aceite o envolverlos en lonchas de tocino muy finas. Según el tamaño, los trozos de riñones se asan solamente de 1 a 3 minutos, ya que con tiempos demasiado prolongados se ponen duros, mientras que si, por el contrario, la acción del calor es breve e intensa, permanecen tiernos y jugosos. Las mollejas pueden asarse también al grill, pero es mejor cocerlas brevemente en vino, ya que unos segundos de más en la parrilla las pone duras y pierden toda su delicadeza. Si se desean asar a pesar de todo, deben remojarse cuidadosamente, escaldarse unos segundos y pelarse después de refrescadas con agua fría. A continuación se cortan en lonchas, se envuelven en tocino y se asan brevemente. El tocino es necesario para proporcionar la grasa necesaria, pero su sabor nos parece demasiado intenso para las mollejas. La mantequilla sería más apropiada, pero se quema con demasiada rapidez. Dada la larga preparación que requieren las mollejas, es preferible obtener la recompensa de un placer redondo y no correr riesgos.

El corazón, por el contrario, puede muy bien asarse al grill, una vez limpiado cuidadosamente y cortado en trozos pequeños. Sin embargo, debería adobarse primero, ya que la carne resulta así más tierna y aromática. No es aconsejable asar un corazón entero, ya que el tiempo de asado es demasiado prolongado. Las capas exteriores acabarían poniéndose duras mientras el interior permanecerá crudo.

Todas las vísceras se salan inmediatamente antes de servir, de lo contrario se ponen duras. Por esta razón, deben envolverse siempre con tocino fresco sin ahumar.

Salchichas

Son igualmente apreciadas por los niños y por los principiantes, ya que ambos se atreven a prepararlas por sí solos, resultan siempre bien y todos se alegran del éxito obtenido, que es seguro. Y es que con las salchichas no puede ocurrir ningún contratiempo si se tienen en cuenta unos pocos puntos.

En primer lugar, hay que observar muy bien las salchichas en estado crudo. Especialmente apropiadas resultan las salchichas frescas y las de tipo Frankfurt o Viena. Lo fundamental en todas ellas es evitar que la piel reviente por la acción del calor. Para ello, las salchichas frescas se escaldan brevemente en agua hirviendo y las demás se pinchan o se cortan varias veces. A continuación, ya pueden ponerse al grill. No obstante, por razones de seguridad y para mejorar el sabor, es preferible untarlas primero con aceite. Durante el asado, vigilar que el calor no sea demasiado intenso, ya que eso no lo soporta ni la mejor piel. Esperar hasta que la capa blanca de ceniza sea algo más gruesa que para preparar filetes u otros asados. Todas las

Las materias primas

salchichas se asan hasta que estén tostadas por igual y se sirven inmediatamente, con mostaza, catchup, salsas picantes (véase página 108 y ss.), pan o ensaladas. ¡Como se quiera!

Los pinchitos de salchichas, compuestos de salchichas de cóctel y taquitos de cebolla, pimiento, tocino, etc. se preparan de la misma manera. Los expertos en asar salchichas refinan y ennoblecen su obra: durante los últimos minutos untan las salchichas con cerveza o con una salsa picante, con salsa de soja o con salsa especial para costillas (véase página 22).

Las salchichas rellenas resultan mucho más refinadas. En las salchichas tipo Frankfurt se hacen unos cortes hasta aproximadamente la mitad en las que se introducen pequeñas cuñas de queso, cebolla, pimiento y pepino. Los cortes se untan a continuación con una mezcla de mostaza, rábano picante rallado, catchup y unas gotas de aceite. Si se quiere ofrecer algo muy especial, batir un poco de queso fresco hasta que esté cremoso y condimentarlo con alcaparras o hierbas picadas, pimienta verde o ajo machacados. Rellenar las salchichas con esta mezcla y asarlas hasta que el queso se funda.

Las salchichas adobadas constituyen siempre una sorpresa, ya que su exquisito aroma no se ve. Pinchar varias veces las salchichas con una aguja y dejarlas macerar varias horas en vino tinto, cerveza, ginebra o una mezcla de vino blanco y zumo de limón, o bien en jerez seco. Para niños se recomiendan otras mezclas, por ejemplo, catchup diluido con zumo de naranja y limón o zumo de piña condimentado con curry, pimienta y salsa de soja (todo en pequeñas cantidades). En lugar de adobarlas, también pueden aromatizarse en un «procedimiento de urgencia». Para ello se necesita una jeringa, sin usar (!), y una aguja hipodérmica (se venden en farmacias), así como un «relleno» apropiado del que se inyectará una pequeña cantidad. Para adultos puede utilizarse whisky, tequila, ginebra, Calvados, jerez, Madeira o vino tinto. Si se desea más picante, mezclar salsa picante con guindilla (a ser posible con una nota dulce) con vino blanco seco, o también salsa de soja con zumo de limón y pimienta de Cayena. Para los niños pueden utilizarse las mezclas citadas más arriba, aunque también resulta delicioso el zumo de manzana condimentado de la receta «salchichas a la pimienta con manzana» (página 52).

Esta fórmula no es exclusiva de las salchichas, sino que puede aplicarse también a otros embutidos. La mayoría pueden asarse en lonchas no muy finas y servirse en cuanto hayan tomado color por ambas caras. Se recomienda quitar primero la piel, ya que, de lo contrario, las lonchas se doblan. Si se deja la piel, se forman cestillas que pueden rellenarse, por ejemplo, con huevos revueltos, cebolla frita, ensaladas o con una verdura congelada preparada en un momento en la cocina o en la parrilla. Como regla general, todos los embutidos magros deben untarse con aceite, antes y durante el asado salvo si son muy grasos. En cualquier caso, el aceite evita que se rompa la piel.

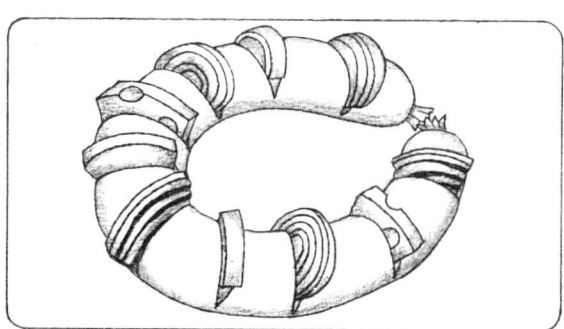

Un pequeño trabajo y un gran efecto: hacer varias incisiones en una salchicha grande y rellenar las rajas con triángulos de queso y anillos de cebolla y pimiento.

Las materias primas

Pescados y crustáceos

Quien haya pasado alguna temporada en un puerto de mar y haya probado el pescado recién capturado, preparado a la parrilla sólo con aceite de oliva y sin más condimento que sal y zumo de limón, difícilmente podrá olvidarlo. Debido a su elevado contenido de proteínas, los pescados despliegan abundantes sustancias aromáticas al asarlos a la parrilla. Sin embargo, no hace falta vivir en un puerto de mar para encontrar pescado fresco. Los modernos medios de transporte permiten adquirir pescado fresco en el interior. Por otra parte, el pescado congelado de calidad, también es muy apropiado para el grill. Junto a los de mar, también pueden asarse sobre las brasas los de agua dulce, por ejemplo, truchas. Sea cual sea la clase de pescado, tiene que ser siempre lo más fresco posible. (Los pescados congelados que se asan inmediatamente después de descongelados los hemos incluido entre los frescos).

Una vez limpios, desprovistos de escamas y espinas y secos, se condimentan con zumo de limón o vinagre y sal. También se pueden sumergir en un aliño. El pescado congelado debería descongelarse en alguno de ellos. A continuación, hay que secarlos bien y untarlos a fondo con aceite. Una vez caliente, aplicar asimismo una delgada película de grasa a la parrilla del grill para evitar que el pescado se pegue y la piel se desprenda al darle la vuelta. Para mayor seguridad y comodidad, utilizar un cestillo especial para pescado, que debe calentarse y engrasarse antes de introducir el pescado.

Si los pescados se asan enteros, practicar antes unos cortes para que se asen uniformemente; de lo contrario, las partes más delgadas se secarán antes de que se hayan pasado las más gruesas. En la página 135 se indica el tiempo de preparación que requiere el pescado. Pedir en la pescadería que nos partan las piezas elegidas o bien hacerlo en casa. Limpiar el pescado, quitarle las escamas y las aletas y cortarlo en rodajas de la cabeza a la cola con un cuchillo grande. En pescados con espina central gruesa, se corta hasta la espina y a continuación se parte ésta ejerciendo una presión fuerte (o dando un golpe sobre el cuchillo, por ejemplo, con el mazo de la carne). Deben evitarse los movimientos de sierra, ya que rompen las delicadas fibras del pescado. Todo esto parece un poco difícil, pero tras el primer ensayo podrá comprobarse que es facilísimo. Los restos pueden cocerse en un poco de caldo de vino para preparar una salsa adecuada con un poco de queso fresco, nata, yogur o mayonesa.

Pero el mar nos ofrece todavía más cosas deliciosas. Langostas, gambas y mejillones resultan muy sabrosos a la parrilla. En la página 87 se explica cómo se prepara la langosta. Las colas de langostinos y de langosta se parten por la mitad, se untan ligeramente con mantequilla y se asan por ambas caras, colocando primero la más carnosa sobre la parrilla caliente. Las gambas deben asarse sobre papel de aluminio, ya que, como son pequeñas, se pueden caer por entre el enrejado de la parrilla. Las almejas, mejillones, etc. (incluso las ostras) se asan al grill hasta que las valvas se abran. Si se cuecen primero en caldo, desprender la carne de las conchas y ensartarla en pinchitos, previamente envuelta en una lonchita de tocino. Proceder del mismo modo con los caracoles, que si bien son ricos en grasa, necesitan la protección del tocino para exponerse al calor intenso.

Hortalizas y frutas

Las hortalizas y frutas al grill tienen cada vez más aceptación como entremés, guarnición y postre. Si antes se utilizaban preferentemente

Las materias primas

tomates, patatas y mazorcas de maíz, la oferta actual es mucho mayor.

Para quienes no han probado nunca a asar un tomate al grill, aquí va un cursillo rápido: utilizar siempre tomates bien colorados, pero duros. Quitarles los rabos, lavarlos y secarlos. Hacer un corte en forma de cruz en la cara superior para condimentar la pulpa con pimienta negra, ajo machacado, un poco de albahaca picada y un poco de mantequilla o unas gotas de aceite de oliva. Colocar los tomates con la parte del rabo hacia abajo al borde del grill y dejar que se asen unos 15 minutos, según el tamaño. Están listos para servir en cuanto se ponen blandos y empiezan a arrugarse por la parte de arriba. Condimentarlos bien y llevarlos a la mesa muy calientes. Se pueden espolvorear por encima con un poco de queso parmesano rallado.

En la página 98 se explica cómo se preparan las patatas en papel de aluminio.

Las mazorcas de maíz se preparan como sigue: si el maíz es fresco, se quitan las hojas y se unta la mazorca con mantequilla blanda o derretida. La capa no debe ser demasiado gruesa, porque la grasa gotearía a las brasas y se quemaría. Es preferible untar varias veces las mazorcas, siempre con cantidades mínimas de grasa. Asarlas despacio con calor no demasiado intenso. Si son de tamaño normal, calcular de 20 a 30 minutos, por lo que se debe empezar con tiempo. Para acelerar el proceso, cocer previamente el maíz en agua salada durante 10 minutos, si bien las mazorcas recién asadas saben mucho mejor. Las mazorcas de maíz enlatadas pueden asarse igual que las que se cuecen previamente. Desde hace poco tiempo se venden también mazorcas congeladas de gran calidad. Una vez asadas, pinchar un palillo en la parte superior y otro en la inferior para comerlas con las manos. Disponer un salero y un molinillo de pimienta con las mazorcas para que cada cual las condimente a su gusto.

Con las hortalizas citadas más arriba no se agota ni mucho menos la selección apta para el grill. En general, se puede asar al grill cualquier hortaliza, siempre que no tenga demasiada agua y posean una piel resistente. Las berenjenas, por ejemplo, figuran entre las idóneas. Colocarlas en la parrilla, bien cortadas en láminas alargadas o bien partidas por la mitad. Una vez lavadas, secas y cortadas, espolvorearlas con sal y dejarlas «llorar» unos 10 minutos. De este modo se eliminan las sustancias amargas, más o menos presentes según la edad y la clase de berenjena. Secar bien las superficies húmedas, condimentar las rodajas con pimienta, untarlas por ambas caras con un poco de aceite de oliva y asarlas al grill hasta que estén blandas y apetitosamente tostadas. Las berenjenas divididas por la mitad se vacían un poco con

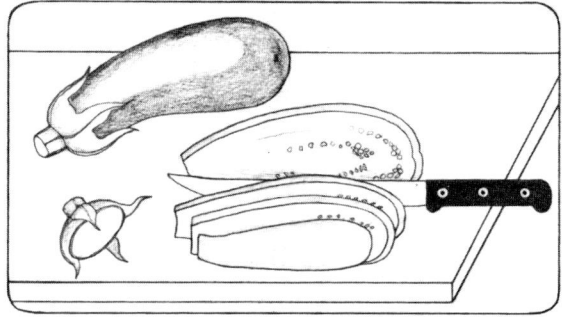

Las rodajas de berenjenas tienen que «llorar» antes de asarse para eliminar las sustancias amargas; no se pelan nunca.

una cucharilla, se espolvorean con sal y pimienta y se rocían con un buen chorro de aceite de oliva (también se puede agregar un poco de ajo machacado). Ponerlas sobre el grill con las superficies de corte hacia arriba hasta que estén blandas y se puedan comer con cuchara. La piel se vuelve seca y correosa por la acción del calor, por lo que es preferible no comerla. Si las berenjenas van a servirse como guarnición de carne al espetón, ponerlas en el

Las materias primas

recipiente que recoge el jugo, directamente debajo de la carne. El jugo que gotea les proporciona el último toque.

También los calabacines y pepinos resultan muy aromáticos asados al grill. Se preparan igual que las berenjenas, pero suprimiendo la sal, pues al no contener tantas sustancias amargas, no necesitan «llorar». Los pepinos son relativamente ricos en agua, por lo que es imprescindible secarlos muy bien antes de asarlos.

Estas tres últimas hortalizas deben cortarse siempre a lo largo, ya que las rodajas resultan demasiado pequeñas y pueden caerse a las brasas. Quizá parezca un poco absurdo este consejo, pero la fuerza de la costumbre nos lleva muchas veces a cortar rodajas pequeñas. En caso de que esto ocurra, ensartarlas en pinchitos o asarlas en papel de aluminio.

Una vez asadas al grill, estas hortalizas admiten muchos condimentos. Sal, pimienta, zumo de limón recién exprimido, ajo machacado frito en mantequilla o aceite de oliva, así como hierbas picadas redondean favorablemente el sabor. Igualmente deliciosa resulta una salsa a base de yogur, nata ácida, ajo machacado, sal, pimienta y abundante eneldo.

Y ya que hablamos de ajo, vamos a aconsejar una de las preparaciones más simples, pero también más exquisitas: asar lentamente, es decir, al borde del grill, una cabeza de ajo entera por persona. Durante el asado se secan y se carbonizan las pieles exteriores. Según el calor y el tamaño, el tiempo de asado oscila entre 40 minutos y más. Comprobar de vez en cuando, presionando ligeramente, si los dientes están blandos. En cuanto estén mantecosos al tacto, retirarlos del grill, separar los dientes y desprender las pieles empujándolas con el pulgar y el índice. Los dientes de ajo resultan deliciosos tal cual (¡incomparables con carne de cordero!), si bien admiten una chispa de sal, pimienta y unas gotas de aceite de oliva. La sola idea de consumir una cabeza de ajo entera puede parecer excesiva a primera vista, pero el olor de una cabeza de ajo no es mucho más intenso que el de un solo diente. Opinamos también que esta receta no debe prepararse para una sola persona del grupo, sino para varias, y probablemente estemos todos de acuerdo en que después de un placer semejante, no es muy recomendable ir al teatro.

Algo menos «oloroso», pero también delicioso con carne asada, son las cebollas y los pimientos a la parrilla, razón por la que están presentes en la mayoría de los pinchitos variados. Los trozos para los pinchitos no deben ser demasiado grandes, ya que las hortalizas crudas suelen necesitar más tiempo de asado que la carne o el pescado tiernos. Si se prefiere el contraste entre carne asada y hortalizas crudas, es mejor preparar una ensalada. Para evitar que las hortalizas de los pinchitos queden crudas por dentro, se pueden escaldar primero en agua hirviendo y refrescar a continuación con agua fría. Antes de pincharlas deben secarse bien, porque, si no, la carne no forma costra en los puntos de contacto y el jugo se sale.

Los buscadores de setas habrán comprobado seguramente lo exquisitas que resultan asadas al grill, pero a todos los buscadores sin éxito diremos que las compradas resultan igualmente exquisitas, a condición de que sean frescas. De todos modos, ningún amante de estas delicias compra setas pasadas. Según el tamaño, las setas se asan de 2 a 4 minutos, untadas con un poco de mantequilla que las conserva jugosas y aromáticas.

No sólo los aficionados al dulce saben que la fruta está muy bien asada al grill. Desde las manzanas y piñas, pasando por los plátanos, peras, melocotones, naranjas, nectarinas y albaricoques, hasta las frutas exóticas como kiwis, papayas y mangos, todas las frutas adquieren una costra dorada formada por el azúcar caramelizado, que unida al ácido de la fruta, forma una combinación de sabor

Las materias primas

deliciosa. Antes de ponerla en el grill, todas las frutas se untan con mantequilla líquida (las ligeramente oxidantes, como manzanas y plátanos, previamente con zumo de limón) y se asan con calor no demasiado intenso hasta que toman color. Con ayuda de una brocha, durante el asado se pueden untar con miel, mezclas de mantequilla, licor, coñac o ron, o condimentarse después con curry, jengibre o canela, según el gusto y los platos que vayan a acompañar.

Las frutas asadas al grill se recomiendan también como tentempié entre los distintos platos de una parrillada, por ejemplo, en forma de pinchito con queso: poner a macerar ciruelas pasas deshuesadas en jerez, introducir un trocito de queso en el lugar del hueso, colocar en pinchitos y asar sobre las brasas hasta que el queso se funda. Con estos tentempiés a nadie se le hará demasiado larga la espera.

Todo requiere su tiempo

Los expertos en el arte del grill tienen sus propios valores, adquiridos por la experiencia, sobre cuándo puede servirse una cosa, mientras que para los principiantes el punto correcto constituye uno de los mayores problemas. Para lograr una seguridad absoluta, utilizar un termómetro para carne y seguir exactamente los valores prescritos. El capítulo sobre «El aspecto interior» (página 13) incluye recomendaciones importantes al respecto, que si se siguen al pie de la letra, evitarán innecesarios contratiempos. Como el termómetro no es apropiado para piezas planas necesitamos otro control.

La primera es la prueba de la presión, que requiere gran sensibilidad en la punta de los dedos. Si todavía no se tiene, puede adquirirse rápidamente: presionar con el dedo sobre lo que se está asando y comprobar su resistencia. En la carne cruda, la resistencia es mínima, aumentando con el grado de cocción. Esto significa que cuanto más tiempo se ase, más firme estará la carne. Si este método parece demasiado impreciso, observar detenidamente el jugo de la carne, ya que por su color puede reconocerse el grado de cocción. Para ello, se presiona con el dedo (el mango de una cuchara de madera o la hoja plana de un cuchillo) sobre la cara ya asada de la carne mientras la otra se está asando todavía. Si las gotas de jugo que salen son rojas, la carne está todavía sangrante por dentro. Si, por el contrario, presentan un color rosa claro, la pieza está rosada o medio asada por dentro, y totalmente asada cuando el jugo es claro. Si el tiempo de preparación es prolongado, conviene pinchar la superficie de la carne con un cuchillo para que salga el jugo. Cuando se asa carne con hueso, el corte se hace inmediatamente junto a éste, ya que este lugar es el que requiere más tiempo de asado.

La prueba del jugo es asimismo aplicable a las aves, si bien tiene la desventaja de que siempre se lesiona algo la piel que protege la carne frente a la desecación y, posiblemente, saldrá más jugo del deseado. Por esta razón, es preferible presionar la carne entre el pulgar y el índice o el dedo corazón. Si está blanda, debe asarse más tiempo. La carne de ave bien asada tiene un tacto firme y elástico a la vez.

Queda todavía la cuestión de cómo se comprueba si un pescado está listo para servir. El pescado está hecho en cuanto la carne puede separarse sin esfuerzo de las espinas. En el caso de los filetes y otras piezas planas basta, por tanto, una simple ojeada. En los pescados enteros, la comprobación del punto tampoco ofrece la menor dificultal. Si puede desprenderse la aleta dorsal, hay que retirar el pescado del grill, pues está asado, y si se le aporta más calor se secaría. Otro truco consiste en hacer un corte justo detrás de las agallas.

Todas las recetas de este libro incluyen el tiempo de preparación, pero por si se quieren asar al grill piezas de carne de cualquier otro modo, en la tabla adjunta se indican los tiempos que necesitan las distintas piezas en los distintos aparatos existentes en el mercado. Hay que tener en cuenta, no obstante, que son cifras orientativas y no fijas. Cuando se asa al grill sobre carbón vegetal, la cantidad e intensidad de las brasas no son el único factor decisivo, sino que en el resultado final influye también la distancia de las brasas, las condiciones del viento y la humedad del aire (el aire húmedo hace bajar la temperatura). En los aparatos eléctricos, las diferencias específicas de cada marca pueden requerir modificaciones de los tiempos de asado. Por tanto, para familiarizarse rápidamente con un aparato conviene comparar los valores adquiridos por la experiencia con los que indican las instrucciones de uso. También es muy útil confeccionar una lista en la que se apunten todos los platos nuevos indicando el tiempo, peso, distancia de las brasas, etc. Esta sugerencia puede parecer algo burocrática y poco divertida, pero en cuanto se repase un par de veces, se obtendrán asados excelentes.

Todo requiere su tiempo

Explicación de los signos: ○ = en total, × = por cada lado; m = minutos, h = horas.

Material		Peso o grosor	Grill de carbón vegetal	Grill eléctrico	Grill de contacto	Sartén
Vacuno	Filete (rosado)	2 1/2 cm	× 4 m	× 3 m	○ 2 m	× 3 m
	Filete (rosado)	4 cm	× 6 m	× 5 m	○ 3 m	× 5 m
	Roastbeef (rosado)	4 cm	× 8 m	× 7 m	○ 3 1/2 m	× 7 m
	Entrecôte (rosado)	4 cm	× 8 m	× 7 m	○ 3 1/2 m	× 7 m
	Hígado	1 1/2 cm	× 3 m	× 3 m	○ 2 m	× 3 m
	Tartar	2 1/2 cm	× 3 m	× 3 m	○ 2 m	× 3 m
	Roastbeef	1 kg	○ 30-40 m	○ 20 m	—	—
	Lomo (solomillo)	1 kg	○ 30-35 m	○ 25 m	—	—
Ternera	Filete	1 1/2 cm	× 6 m	× 4 m	○ 2 m	× 4 m
	Chuleta	2 cm	× 7 m	× 5 m	○ 2 1/2 m	× 5 m
	Hígado	1 1/2 cm	× 3 m	× 3 m	○ 1 1/2 m	× 3 m
	Riñones	1 1/2 cm	× 3 m	× 2 1/2 m	○ 1 1/2 m	× 2 1/2 m
	Pierna	1 kg	○ 1 1/2 h	○ 70 m	—	—
Cerdo	Filete	2 cm	× 6 m	× 5 m	○ 2 1/2 m	× 5 m
	Chuleta	2 1/2 cm	× 7 m	× 6 m	○ 3 m	× 6 m
	Solomillo	500 g	○ 40 m	○ 25 m	○ 15 m	—
	Lomo	2 kg	○ 2 1/2 h	○ 1 1/2 h	—	—
	Jamón	5 kg	○ 4 h	○ 2 1/2 h	—	—
	Patas	3 kg	○ 2 1/2 h	○ 1 1/2 h	—	—
Cordero	Chuleta	2 1/2 cm	× 5 m	× 4 m	○ 2 m	× 4 m
	Pierna	1 kg	○ 1 1/2 h	○ 50 m	—	—
	Lomo	1 1/2 kg	○ 1 h	○ 40 m	—	—
Aves	Pollo	1 1/2 kg	○ 1 1/2 h	○ 55 m	○ 40 m	—
	Pato	2 kg	○ 2 h	○ 1 1/2 h	—	—
	Ganso	4 kg	○ 4 h	○ 3 h	—	—
	Pavo	5 kg	○ 5 h	○ 4 h	—	—
Caza	Lomo de liebre	1 kg	○ 50 m	○ 35 m	—	—
	Asado de corzo	2 kg	○ 1 1/2 h	○ 50 m	—	—
Pescado	Filete	2 1/2 cm	× 7 m	× 6 m	○ 4 m	× 6 m
	Trucha	250 g	× 8 m	× 6 m	○ 4 m	× 6 m
	Trucha en papillote	250 g	○ 25 m	○ 15 m	○ 7 m	○ 15 m
	Pescado entero	3 kg	○ 1 h	○ 40 m	—	—

Accesorios útiles

Para asar al grill no hace falta todo lo que suele ofrecerse en los establecimientos del ramo como accesorios, aunque sí es imprescindible un equipo básico de utensilios auxiliares. Junto con el aparato se suministran a menudo la parrilla, el recipiente para recoger el jugo, el espetón giratorio y un juego de pinchitos, así como la manivela, el motor y las pilas para el espetón giratorio automático. ¡Adquirir a tiempo pilas de repuesto, pues a menudo se olvidan! Es evidente que hace falta carbón vegetal (o leña) suficiente, cerillas extralargas, así como alcohol de quemar o, en otros tipos de grills, una bombona llena (!) de gas.

Pero esto no basta; por ejemplo, también hacen falta guantes especiales que deben seleccionarse a la medida, a ser posible largo,

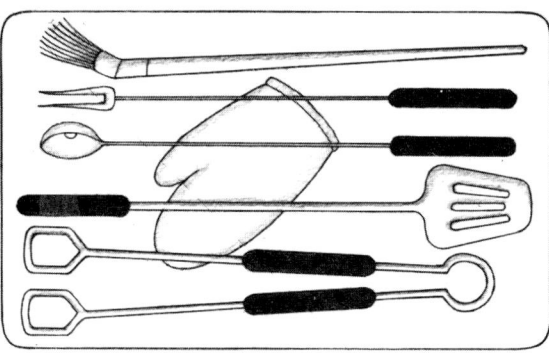

Los utensilios del grill deben ser en primer lugar prácticos y seguros, y sólo en segundo bonitos y decorativos.

para que protejan de eventuales quemaduras no sólo las manos, sino también los antebrazos. Los que más protegen son los guantes de asbesto, con los que incluso pueden agarrarse brevemente parrillas sin aislante, por ejemplo, para variar su altura. Los agarradores no son adecuados para el grill, ya que resbalan con facilidad al ser demasiado pequeños y, además, no protegen suficientemente dadas las temperaturas elevadas. El delantal especial para el grill no pertenece al equipo básico. Puede llevarse si se desea, ya que siempre protegerá la ropa de salpicaduras de grasa, pero consideramos que es más bien un adorno, ya que nadie se viste de gasas y terciopelos para asar al grill. No obstante, sí existe una razón convincente para protegerse con un delantal, concretamente cuando se lleva ropa de tejidos sintéticos. Estos materiales son inflamables y pueden fundirse, provocando quemaduras terribles.

Pasemos ahora a los accesorios propiamente dichos. Lo primero que se necesita es una tenaza, que debe ser ligera y manejable, pero al mismo tiempo estable, y agarrar con seguridad. Al comprarla, comprobar que el mango sea largo y aislante. Estas tenazas llevan incorporadas a menudo una espátula y una cuchara para salsas. La espátula se utiliza para dar la vuelta a los asados y con la cuchara se rocían las piezas grandes (¡no olvidar el recipiente para recoger el jugo!). También las espátulas y las cucharas deben tener mangos largos y aislantes. Aunque útiles en ciertos casos, los tenedores especiales para el grill no son imprescindibles. Si se da la vuelta a un filete con un tenedor y se pincha, no hay que asombrarse de que se salga el jugo. Por otra parte, tampoco sirven para trinchar, ya que resultan poco manejables para esta operación. Mucho más apropiado es un tenedor de carne normal con dientes largos y finos. Los demás utensilios necesarios para trinchar se describen en el capítulo siguiente (página 138).

Pero aún no hemos terminado. Antes de ponerlas en la parrilla, las piezas se untan con aceite o mezclas de condimentos, según la receta. Estos deben tenerse a mano cerca del grill en recipientes no inflamables. Para untar son muy apropiadas las brochas grandes con cerdas naturales (las de plástico podrían derretirse), aunque también sirven las ramas de romero que además aromatizan. Siempre conviene tener otra brocha sumergida en agua

Accesorios útiles

con objeto de poder apagar inmediatamente las pequeñas llamas que pueden saltar. Mejor aún resulta un pulverizador pequeño, ya que reparte el agua tan finamente que las brasas no se enfrían innecesariamente. Si se asan a menudo trozos de carne grandes, nosotros recomendaríamos adquirir un cestillo especial. El material a asar se sujeta entre sus dos parrillas curvadas y se coloca en la instalación del espetón giratorio. Este accesorio evita atravesar con el espetón la carne tierna y permite asar las piezas que no se pinchan bien. Asimismo existen cestillos especiales para pescado, que se colocan sobre la parrilla o ajustadas al espetón giratorio. En cualquier caso deben ser de acero inoxidable; de lo contrario duran poco tiempo.

Ya hemos hablado del termómetro para carne (véase página 13), y que el salero y el molinillo de pimienta son imprescindibles en el grill lo sabe todo el mundo. Tampoco debe faltar nunca el papel de aluminio. Si el grill se forra con él, el calor se refleja y el combustible se aprovecha mejor. Por supuesto, también puede utilizarse para asar. Las carnes y pescados delicados, las hortalizas y patatas permanecen tiernos y jugosos asados en papel de aluminio. Su acción protectora es sumamente útil en los asados grandes que tardan bastante tiempo en hacerse. En el caso concreto del cochinillo, las zonas que se queman o se secan fácilmente suelen recubrirse con papel de aluminio. Muy prácticos resultan también los recipientes, cazuelitas y sartenes de papel de aluminio, que pueden hacerse en casa poniendo una lámina sobre latas o recipientes, o bien comprarse hechos. En ellos se puede freír sin gran trabajo cebolla o tocino, preparar salsas y guarniciones, e incluso hacer huevos al plato o flamear los asados antes de servirlos. Para asar al «papillote», esto es, en paquetes de papel de aluminio, éste se engrasa ligeramente para evitar que se peguen los alimentos. A continuación se añaden los condimentos, e incluso líquido, y se dobla con mucho cuidado para que no se salga nada. Al doblar los paquetes, conviene formar una especie de asa que permita retirarlos cómodamente del grill una vez hechos, ya que el papel de aluminio en sí se enfría rápidamente.

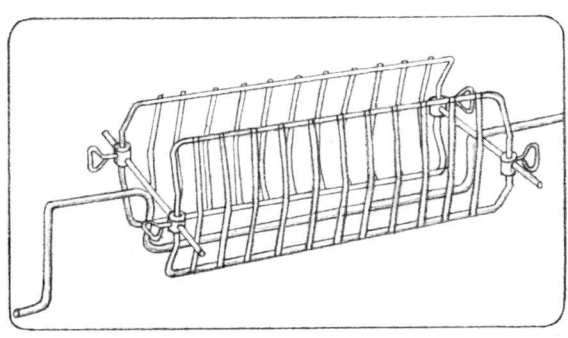

El cestillo especial para asar al grill asegura un resultado óptimo.

Cómo trinchar correctamente

Trinchar un gran asado no es tan difícil como parece. Sólo se necesitan una cuantos conocimientos básicos y un buen material de trabajo. El principal intrumento es el cuchillo, que debe ser suficientemente grande y estar bien afilado. Con los cuchillos eléctricos resulta facilísimo cortar lonchas finas y regulares. Sin embargo, estos cuchillos son muy ruidosos y molestan en la mesa y, por otra parte, no sirven para trinchar al aire libre porque no hay enchufes.

Para sujetar firmemente el asado mientras se corta, hace falta un tenedor largo con dientes afilados. También es imprescindible una tabla de trinchar estable provista de una ranura que recoja el jugo.

Antes de trinchar, todos los asados deben reposar 10 minutos como mínimo, con el fin de que el jugo de la carne pueda repartirse por el interior. De este modo, el asado permanece jugoso y se corta mejor. La carne se corta siempre transversalmente a las fibras; sólo las piezas muy delgadas se cortan oblicuamente para que las lonchas sean más grandes.

La carne del lomo se separa de la espina dorsal y se corta en lonchas oblicuas, que pueden volver a disponerse sobre los huesos. En el caso concreto de la pierna, se cortan primero las porciones laterales a lo largo del hueso y, a continuación, se trocean éstas en lonchas oblicuas.

Los filetes grandes se trinchan asimismo antes de servirlos y después de haber reposado unos minutos. Como, por lo general se componen de varios haces musculares, se separan éstos primero y luego se corta cada trozo en lonchas oblicuamente a las fibras.

Para trinchar un cochinillo, retirarlo del grill junto con el espetón y no quitarlo hasta que esté sobre la tabla de trinchar. En primer lugar se separan y se cortan las patas. A continuación se practica un corte alargado a ambos lados de la columna vertebral, se separa la carne de las partes laterales y se trocea en porciones. Para partir los huesos que quedan se puede utilizar un hacha pequeña para carne. En una fiesta campestre (y el cochinillo es una comida campestre) se pueden tomar tranquilamente con los dedos.

Con excepción de las aves de caza muy pequeñas, las demás se sirven ya partidas, o se trinchan en la mesa por mano experta. Los pollos pequeños suelen partirse solamente a lo largo, calculándose una mitad por persona. En el caso de animales más grandes (como patos o gansos), se separan primero los muslos y las alas, dividiéndose los primeros por la mitad. A continuación se corta la pechuga de delante hacia atrás en lonchas finas, sosteniendo el cuchillo casi horizontal. Para trinchar un pavo se empieza igualmente por las patas, separando la pierna del muslo y cortando ambos en lonchas a lo largo del hueso. A continuación se separan las alas en la articulación y, por último, se corta la pechuga en lonchas, oblicuamente a las fibras. Como los pavos tienen estructuras musculares distintas, al servir deben mezclarse trozos con fibras finas y gruesas.

Para partir pescados, desprender en primer lugar la piel desde la aleta caudal hasta la cabeza, partiendo los filetes a lo largo de la espina central hasta los lados y levantándolos con un cuchillo y un tenedor. Si las piezas son grandes, los filetes se dividen en trozos de ración antes de separarlos. Para llegar a los filetes inferiores, se separa la espina central empezando por la aleta caudal y se aparta junto con la cabeza. Con los pescados planos se procede de la misma manera, salvo que las aletas laterales se desprenden en primer lugar.

El capítulo de las bebidas

Por regla general, con los asados al grill puede beberse lo que se quiera; no existen reglas estrictas, por lo que las bebidas pueden adaptarse a los distintos platos como se tenga por costumbre. No obstante, conviene distinguir entre las distintas ocasiones en que suele asarse al grill.

Para una fiesta rústica en el jardín son apropiadas bebidas distintas de las que se servirían en una barbacoa más festiva. En las fiestas al aire libre es muy apreciada la cerveza fresca. Si el número de invitados es reducido, comprar cajas de cerveza y para una fiesta más numerosa, recurrir a los repartidores de cerveza o a bares. Estos establecimientos suelen llevarla a domicilio. Pueden alquilarse los vasos o las jarras y, por supuesto, mesas y sillas. La experiencia demuestra que en las noches muy cálidas se prefieren cervezas ligeras o bebidas a base de cerveza con escaso contenido de alcohol. Sin embargo, cuanto más fresco sea el ambiente y más pesados los asados, más fuerte puede ser la cerveza.

Esta cuestión depende mucho del gusto personal, ya que los amantes de un determinado tipo de cerveza no querrán renunciar a ella con los asados al grill. Si se sirve cerveza, hay que preparar también licores, vodka, la ginebra y los licores de frutas van muy bien con la cerveza y hacen más digestivos los asados y las guarniciones abundantes. Estos licores deben estar muy fríos. Solamente los expertos prefieren los licores de frutas calentados con la mano en la copa, ya que de este modo se saborea mejor el aroma afrutado. Si la cocina no está muy lejos del grill, guardar las botellas en el frigorífico o en el congelador una vez que se hayan servido los invitados. De lo contrario, lo mejor es colocarlas directamente sobre hielo. Las barras de hielo se parten en trozos gruesos, que se colocan en un barreño, repartiéndose las botellas entre medias. Para una o dos botellas no merece la pena este trabajo. En tal caso es preferible meter cada botella en una lata de conservas vacía y rellenar el espacio intermedio con agua fría. Congelar este agua (sin miedo, los licores de muchos grados lo toleran) y sumergir la lata durante unos segundos en agua caliente al principio de la fiesta. De este modo, la botella puede sacarse sin esfuerzo y el licor se mantiene frío durante varias horas gracias a la capa de hielo. El agua que va descongelándose gotea, pero esto no es un signo de servicio deficiente cuando se está al aire libre.

Naturalmente, una fiesta como es debido no se soluciona sólo con un barril de cerveza. El vino es un acompañante ideal bajo el cielo estrellado. Los vinos frescos y ligeros son preferibles a los de mucho cuerpo. Los vinos blancos secos y rosados, siempre muy fríos, resultan, sin duda, idóneos. Para mantenerlos a la temperatura debida, introducir las botellas en cubos con trozos de hielo y agua fría. Renunciar a los vinos tintos que sólo desarrollan todo su bouquet a la temperatura precisa. Son un derroche para una fiesta al aire libre y deben reservarse para la mesa de fiesta. Los vinos tintos ligeros sí son, en cambio, muy adecuados para una reunión en el jardín. Si es posible, también deben estar ligeramente fríos. Ya sean tintos o blancos, los vinos para una fiesta de este tipo no necesitan ser de una calidad extraordinaria. Independientemente de que son demasiado pesados, en una barbacoa raramente se tienen tiempo y ganas de servirlos y apreciarlos como corresponde. Recordar que, precisamente con asados al grill, el vino se mezcla muchas veces con gaseosa o agua mineral, y sería una lástima hacer eso con un viejo Borgoña.

Igual de disparatado sería acompañar una parillada al aire libre con un champaña selecto, ya que no va en absoluto con el aroma intenso del grill. ¡No hay más que imaginarse cómo sabría un champaña de cosecha con una salchicha con mostaza! Sin embargo, una copa de champaña o de vino espumoso resulta muy estimulante como trago de bienvenida, y

El capítulo de las bebidas

también va bien con sorbete o helado al final del menú. Muchas personas prefieren un café con coñac o un buen licor.

    Junto a las bebidas más o menos ricas en alcohol, no deben olvidarse las no alcohólicas. Al fin y al cabo, lo que se pretende es que los invitados recuerden la fiesta con agrado, pero no que tengan que luchar con la resaca a la mañana siguiente. Además, los conductores deben tener mucha precaución. Las bebidas alcohólicas no deben mezclarse nunca, mientras que la selección de zumos, agua mineral, limonadas y bebidas a base de cola debe ser lo más amplia posible. Es preferible escoger bebidas frescas no demasiado dulces, que deben servirse también muy frías. Para ello puede utilizarse el barreño con hielo mencionado anteriormente, o bien hielo seco, que mantiene más tiempo las temperaturas bajas. El hielo seco no se derrite, sino que se disuelve poco a poco. Hay que tener mucha precaución al manejarlo y no agarrarlo nunca con las manos desprotegidas, ya que ocasiona congelaciones; por ello, utilizar los guantes de asbesto o una tenaza. El hielo seco se vende en bloques grandes y en láminas pequeñas. Estas últimas son más apropiadas, ya que se pueden repartir entre las botellas, mientras que los bloques tienen que partirse primero con un martillo y, para ello, hay que agarrarlos con las manos.

Recetas al grill por temas

Carnes a la parrilla

Cordón bleu al grill 60
Costillas de cerdo a la mexicana 22
Costillas de cerdo estilo indio 55
Chuletas a la pimienta flameadas 27
Chuletas de cerdo adobadas 81
Chuletas de cordero con hierbabuena 24
Chuletas de cordero con puré de judías verdes 32
Chuletas de ternera con salsa de mostaza 44
Chuletón de buey especial 88
Chuletones Porterhouse 46
Entrecôtes estilo leñador 76
Filetes a la parrilla con ajo 21
Filetes de lomo al grill 60
Filetes de solomillo en adobo 46
Filetes con relleno de hierbas 60
Hígado a la parrilla 80
Panceta glaseada 34
Parrillada mixta 40
Roastbeef con relleno de setas 91
Roastbeef con romero 97
Rollitos de ternera 88
Rollitos de ternera con salvia 34
Solomillos a la pimienta 91
Solomillos rellenos de queso 74
Tournedós con champiñón sobre pedestal 75

Asados al espetón

Aguja de cerdo al espetón 43
Asado de cerdo con costra 24
Cerdo adobado al espetón 43
Cochinillo relleno 38
Lomo de cerdo a las hierbas 20
Pierna de cordero al espetón 72
Rollo de cerdo a la danesa 33
Rollos de cerdo asados 72
Solomillo de cerdo a las hierbas 88

Pinchitos de carne

Pinchitos de cerdo a la provenzal 28
Pinchitos de corazón adobados 59
Pinchitos de lomo 44
Pinchitos mixtos 41
Pinchitos de pastor 92
Pinchitos pirata 50
Pinchitos de riñones 80
Pinchitos sorpresa 71

Schaschlik con salsa de champaña 94
Schaschlik de cordero 59

Embutidos al grill

Cestillas de embutido con huevo 34
Gulasch de salchichas 94
Pinchitos de salchicha en estrella 50
Rollitos de Sauerkraut 92
Salchichas a la pimienta con manzana 52
Salchichas al vino tinto 94
Salchichas rellenas 24

Aves y caza al grill

Filetes de ciervo con salsa de zarzamoras 86
Filetes de pularda al estilo de Amsterdam 27
Paella al grill 76
Pato adobado 45
Pechuga de ganso con funda 86
Pierna de liebre estilo casero 72
Pollo al grill con hierbas a la jardinera 22
Pollo al jengibre 20
Pollo con capa plateada 53
Pollo relleno de frutas 55
Pularda con frutas 78
Pularda con queso a la griega 64

Pescados y crustáceos al grill

Arenques a la andaluza 30
Caballas en papel barba 95
Filetes de pescado en papillote 78
Gambas con nata en papillote 84
Langosta con nata de limón 87
Paella al grill 76
Parrillada mixta de pescado 70
Peces empalados 68
Pinchitos de anguila 62
Pinchitos de langostino y calabacín 62
Salmón al grill 84
Truchas ahumadas estilo camping 28
Truchas con tomates 27
Truchas con salvia 44
Varitas de merluza en pinchito 55

Hortalizas al grill

Berenjenas al ajo 97
Cebollas rellenas 83

Judías verdes envueltas en bacon 83
Pinchitos de setas a la tirolesa 37
Pinchitos vegetales con bacon 83
Ratatouille 97

Platos ligeros y guarniciones

Huevos al plato 30
Marshmallows al espetón 50
Pan con foiegras y ajo 105
Patatas con queso y nata 106
Pinchitos de champiñón y naranja 68
Plátanos en papillote 50
Sopa al grill superpicante 65
Raclette explorador 68
Rollitos de jamón con plátanos 80
Tostada con champiñones a la florentina 37

Ensaladas

Ensalada Atenas 102
Ensalada de arroz oriental 102
Ensalada de berenjenas 59
Ensalada Niza 100
Ensalada de pasta con verduras veraniegas 106
Ensalada de pasta picante 56
Ensalada de patata enriquecida 56
Ensalada de patatas a la bávara 106
Ensalada de pepino con queso de oveja 100
Ensalada de rábanos con espinacas 100
Ensalada tejana de maíz 98
Ensalada veraniega 102
Pepinos rellenos 104

Adobos, salsas, aliños

Adobo chino 110
Adobo diabólico 113
Adobo de tomate y guindilla 110
Adobo de vino y pimienta 110
Alioli 108
Guarnición de queso de oveja 113
Mantequilla a elegir 109
Mayonesa a las hierbas 108
Mostaza especial para el grill 111
Salsa de mango 113
Vinagreta al ajo 113

Indice de recetas y materia

accesorios útiles 136 y sig.
adobado, pato 45
adobados, pinchitos de corazón 59
adobo chino 110
adobo de tomate y guindilla 110
adobo de vino y limones 110
adobo de vino y pimienta 110
adobo diabólico 113
ajedrea 114
ajo 114
ajo al grill 132 y sig.
ajo, berenjenas al 97
ajo, filetes a la parrilla con 21
ajo, vinagreta al 113
albahaca 115
alioli 108
anguila, pinchitos de 62
arenques a la andaluza 30
aves 125 y sig.

bebidas 139 y sig.
berenjenas al ajo 97
berenjenas al grill 131
berenjenas, ensalada de 59
borraja 115
buey, chuletón especial 88

caballas en papel barba 95
carbón vegetal 11 y sig.
carbón vegetal, grill 7 y sig.
cardamomo 115
carne picada 127
Cayena, pimienta de 117
caza, aves 126 y sig.
cebollas rellenas 83
cebollino 115
cerdo adobado al espetón 43
cerdo, aguja al espetón 43
cerdo, asado con costra 24
cerdo, carne de 122 y sigs.
cerdo, chuletas adobadas 81
cerdo, chuletas con setas 81
cerdo, lomo a las hierbas 20
cerdo, rollo a la danesa 33
cestillas de embutido con huevo 34
cilantro 115
cochinillo relleno 38
combustible adecuado 11
comino 115
condimentador para el grill 118
costillas de cerdo a la mexicana 22

costillas de cerdo al estilo indio 55
cordero, carne de 124 y sig.
cordero, chuletas con puré de judías verdes 32
cordero, schaschlik de 59
cordón bleu al grill 60
crustáceos 130
Cumberland, mostaza 111
curry 115
curry y mango, mostaza 111
champiñón, tournedós sobre pedestal con 75
chuletas a la pimienta flameadas 27
chuletas de cerdo adobadas 81
chuletas de cerdo con setas 81
chuletas de cordero con hierbabuena 24
chuletas de cordero con puré de judías verdes 32
chuletas de ternera con salsa de mostaza 44
chuletón de buey especial 88
chuletones Porterhouse 46

distancia de la fuente de calor 12

encender el fuego en el momento preciso 14 y sig.
enebro 115
eneldo 115
ensalada Atenas 102
ensalada de arroz oriental 102
ensalada de pasta con verduras veraniegas 106
ensalada de pasta picante 56
ensalada de patata enriquecida 56
ensalada de patatas a la bávara 106
ensalada de pepino con queso de oveja 100
ensalada de rábanos con espinacas 100
ensalada Niza 100
ensalada tejana de maíz 98
ensalada veraniega 102
entrecôtes estilo leñador 76
espliego 116
estragón 115

filetes a la parrilla con ajo 21
filetes con relleno de hierbas 60

filetes de ciervo con salsa de zarzamoras 86
filetes de lomo al grill 60
filetes de pescado en papillote 78
filetes de solomillo en adobo 46
foiegras y ajo, pan con 105
frutas 130 y sigs.

gambas con nata en papillote 84
gratinador 10
grill a gas 10
grill de contacto 10 y sig.
grill eléctrico 10 y sig.
grills de mesa 9 y sig.
grills para asar al aire libre 8
grills para asar en espacios cerrados 10
grills para todos los gustos 7
guarnición de queso de oveja 113
gulasch de salchichas 94

hierbabuena 116
hierbajuana 116
hierbas, mayonesa a las 108
hígado a la parrilla 80
hinojo 116
hortalizas 130 y sigs.
huevos al plato 30

jengibre 116
jengibre, pollo al 20
judías verdes envueltas en bacon 83

langosta con nata de limón 87
laurel 116
leña para asar al grill 11
levístico 116
lomo al grill, filetes de 60

maíz, mazorcas asadas 131
mantequilla a elegir 109
mantequilla a elegir para el grill 109
mantequilla a las hierbas 109
mantequilla con anchoas 109
mantequilla con caviar 109
mantequilla con cebolla 109
mantequilla con naranja 109
mantequilla con mostaza 109
mantequilla con tomate 109
marshmallows al espetón 50

Indice de recetas y materia

mejorana 116
melisa 116
minigrill 10
mostaza a las hierbas 111
mostaza con manzana 111
mostaza especial para el grill 111
mostaza, mantequilla con 109

naranja, mantequilla con 109
orégano 117

paella al grill 76
pan con ajo y foiegras 105
panceta glaseada 34
parrillada mixta 40
parrillada mixta de pescado 70
patatas con queso y nata 106
patatas, ensalada a la bávara 106
pato adobado 45
peces empalados 68
pechuga de ganso con funda 86
pepinos rellenos 104
perejil 117
perifollo 117
pescados 130
pierna de cordero al espetón 72
pierna de liebre estilo casero 72
pimentón 117
pimienta 117
pimienta de Cayena 117
pimienta, chuletas flameadas 27
pimienta, salchichas a la con manzana 52
pimienta, solomillos a la 91
pimiento y aceitunas, tostada con 37
pimpinela 117
pinchitos de cerdo a la provenzal 28
pinchitos de corazón adobados 59
pinchitos de champiñón y naranja 68
pinchitos de langostino y calabacín 62
pinchitos de lomo 44
pinchitos de pastor 92
pinchitos de salchicha en estrella 50
pinchitos de setas a la tirolesa 37
pinchitos de riñones 80
pinchitos mixtos 41
pinchitos pirata 50
pinchitos sorpresa 71
pinchitos vegetales con bacon 83

plátanos en papillote 50
pollo al grill con hierbas a la jardinera 22
pollo al jengibre 20
pollo asado a la jardinera 53
pollo con capa plateada 53
pollo relleno de frutas 55
Porterhouse, chuletones 46
proceso de asado al grill 7
pularda con frutas 78
pularda con queso a la griega 64
pularda, filetes de, al estilo de Amsterdam 27

queso, pularda a la griega 64
queso y nata, patatas con 106

raclette explorador 68
ratatouille 97
relleno, cochinillo 38
roastbeef con relleno de setas 81
roastbeef con romero 97
rollitos de jamón con plátanos 80
rollitos de Sauerkraut 92
rollitos de ternera 88
rollitos de ternera con salvia 34
rollos de cerdo asados 72
romero 117
romero, roastbeef con 97

sal 117
salchichas 128 y sig.
salchichas al vino tinto 94
salchichas, gulasch de 94
salchichas rellenas 24
salmón al grill 84
salsa de mango 113
salsa de tomate superpicante 110
salvia 117
salvia, truchas con 44
Sauerkraut, rollitos de 92
Sauerkraut, tostada con 37
schaschlik con salsa de champaña 94
schaschlik de cordero 59
solomillo de cerdo a las hierbas 88
solomillos a la pimienta 91
solomillos rellenos de queso 74
sopa al grill superpicante 65

temperatura del grill 12 y sig.
termómetro para carne 13 y sig.
ternera, carne de 122

ternera, rollitos con salvia 34
tiempos de asado 134 y sig.
tiempos de asado al grill 134
tomate y guindilla, adobo de 110
tomates al grill 131
tomillo 118
tostada con champiñones a la florentina 37
tostada con pimiento y aceitunas 37
tostada con Sauerkraut 37
tournedós con champiñón sobre pedestal 75
trinchar 138
truchas ahumadas estilo camping 28
truchas con tomates 27
truchas con salvia 44

vacuno, carne de 119 y sigs.
varitas de merluza en pinchito 55
vinagreta al ajo 113
vino tinto, salchichas al 94
vino y limones, adobo de 110
vino y pimienta, adobo de 110
vísceras 128